Puisque tu ne t'es pas converti à la vue de tant de signes, tu mourras.

AVENTURES
de
Robinson crusoé,

[av]ec 20, Grav. et Notes

TOME 1er

Ch. Baudouin, Imprimeur.

A PARIS.

Chez Chassaignon, Libraire.
Rue du Marché Neuf, N.º 3.

1817.

AVENTURES DE ROBINSON CRUSOÉ.

Je suis né en l'année mil six cent trente-deux, dans la ville d'Yorck (1), d'une bonne famille, mais qui n'était point originaire de ce pays-là. Mon père était étranger, natif de Brême (2), et fit son premier établissement à Hull (3). Il y acquit beaucoup de biens en faisant le commerce ; l'ayant ensuite abandonné, il alla demeurer à Yorck, où il épousa ma mère, dont les parens s'appelait en *Robinson*. Cette famille est une des meilleures du comté, et c'est de là que j'ai été appelé *Robinson Kreutznaer ;* mais par une corruption de nom, qui est assez ordinaire en Angleterre, on nous appelle aujourd'hui *Crusoé*, et nous nous appelons et nous signons de même. Mes compagnons ne m'ont jamais donné d'autre nom.

J'avais deux frères plus âgés que moi dont l'un était lieutenant-colonel d'un régiment d'infanterie anglais, commandé autrefois par le fameux colonel Lockart, et qui fut tué à la bataille de Dunkerque contre les Espagnols. Pour ce qui est du second, je n'ai jamais su ce qu'il était devenu ; et je ne suis pas mieux instruit

(1) Ville très-peuplée, en Angleterre.
(2) Ville d'Allemagne, dans la Basse-Saxe.
(3) Ville d'Angleterre, en Yorckshire.

de sa destinée, que mon père et ma mère l'ont tété de la mienne.

Comme j'étais le troisième garçon de la famille, et que je n'avais appris aucun métier, je commençai bientôt à rouler dans ma tête force projets. Mon père, qui était fort âgé, ne m'avait pas laissé dans l'ignorance : il m'avait donné la meilleure éducation qu'il avait pu, soit en me dictant des leçons de sa propre bouche, soit en m'envoyant à une de ces écoles publiques qu'il y a dans les campagnes, et il me destinait à l'étude des lois; mais j'avais de toutes autres vues : le désir d'aller sur mer me dominait uniquement; cette inclination me roidissait si fort contre la volonté et même contre les ordres de mon père, et me rendait si sourd aux remontrances, aux sollicitations pressantes de ma mère et de tous mes proches, qu'il semblait qu'il y eût une espèce de fatalité qui m'entraînait secrètement vers cet état de souffrance et de misère où je devais tomber. Mon père, qui était un sage et brave personnage, me donna d'excellens avis pour me faire renoncer à un dessein dont il voyait bien que je m'étais entêté. Un matin, il me fit venir dans sa chambre, où il était confiné à cause de la goutte, et il me parla fortement sur ce sujet. Il me demanda quelle raison j'avais, ou plutôt qu'elle était ma folle envie de vouloir quitter la maison paternelle et ma patrie, où je pouvais avoir de l'appui, et l'espérance de faire fortune par mon application et par mon industrie, et cela en menant une vie commode et agréable. Il me disait qu'il n'y avait que deux sortes de gens, les uns dénués de tout bien et sans ressource, les autres d'un rang supérieur et distingué, à qui il appartient de former de grandes entreprises, et d'aller par le monde chercher les aventures, afin de s'élever et de se rendre fameux par une route peu frayée; que ce parti était beaucoup trop au-dessus ou trop au-dessous de moi; que mon état était mitoyen, ou tel qu'on pouvait l'appeler le premier étage de la vie bourgeoise ; que par une longue expérience, il avait reconnu que cette situation était la meilleure de toutes, la plus à la portée de la félicité humaine ; nullement exposée à la misère, aux travaux et aux souffrances du commun des ouvriers mais exemple de l'orgueil et du luxe, de l'ambition et de l'envie des grands du monde. Il me disait que je pouvais jurer du bonheur de cet état, par cela même que c'était celui que les autres hommes enviaient, que des rois avaient souvent gémi sur les misérables suites d'une haute naissance ; qu'ils auraient souhaité de se voir placés au milieu des deux extrémités, entre les grands et les petits ; que le sage s'était déclaré en faveur de cet état, et qu'il y avait fixé le point de la vraie félicité, en priant le ciel qu'il n'eût ni pauvreté ni richesse.

Il me faisait une observation dont, me disait-il, je sentirais la vérité dans tout le cours de ma vie ; c'est que les calamités se partageaient entre les plus califiés et le bas peuple ; mais que dans l'état de médiocrité, il n'y avait point tant de désastres, et qu'on n'y était point sujet à autant de vicissitudes que dans le plus haut rang ou dans le plus bas. Que dis-je ? les maladies et les indispositions, soit du corps ou de l'esprit, y étaient moins fréquentes que parmi des gens qui, par une suite de naturelle de leur manière de vivre, gagnaient divers maux ; ceux-ci par leurs débauches et leurs excès, ceux-là par un trop rude travail, ou faute de nourriture et du nécessaire ; il ajoutait qu'une fortune médiocre était le siége de toutes les vertus et de tous les plaisirs ; que la paix et l'abondance en étaient les compagnes ; que la tempérance, la modération, la tranquillité, la santé, la société, en un mot, tous les divertissemens honnêtes et désirables étaient attachés à ce genre de vie ; que par cette voie les hommes finissaient doucement leur carrière, et la finissaient en paix, sans être foulés du travail des mains ni de celui de l'esprit, sans se livrer à une vie servile pour gagner leur subsistance, ni à une suite continuelle de perplexités, qui troublent la tranquillité de l'ame et le repos du corps, sans sentir en soi-même ni la rage de l'envie, ni les aiguillons cuisant de l'ambition; mais au contraire, jouissant des commodités de cette vie, en goûtant les douceurs et non les amertumes; sensibles à leur propre bonheur, et apprenant par une expérience journalière à l'affermir de plus en plus.

Après quoi il m'exhorta dans les termes les plus pressans et les plus tendres à ne point faire une folie de jeunesse, à n'aller pas au-devant des calamités, dont la nature et ma naissance m'avaient mis à couvert; que je n'étais pas dans la nécessité d'aller chercher mon pain, qu'il ferait tout pour moi, et n'oublirait rien pour me mettre en possession de cet état de vie qu'il venait de me recommander; que si je n'étais pas content et heureux dans le monde, ce serait sans doute ma propre faute ou ma destinée; qu'après avoir fait son devoir, en m'avertissant du préjudice que me causeraient de fausses démarches, il n'était plus responsable de rien; en un mot, que, comme il travaillait à mon bonheur, si je voulais demeurer à la maison et m'établir de la manière qu'il le désirait, aussi ne voulait-il pas contribuer à ma perte en favorisant mon départ. Il conclut en me disant que j'avais devant les yeux l'exemple funeste de mon frère aîné, à qui il avait pareillement représenté ces puissantes raisons pour le dissuader d'aller à la guerre des Pays-Bas; qu'il n'avait pu l'empêcher de suivre une résolution de jeune homme, ni de courir à sa perte en embrassant le parti qu'il lui défendait. Il ajouta qu'il ne cesserait jamais de prier pour moi, mais qu'en même temps il osait m'annoncer que, si je faisais ce faux pas. Dieu ne me bénirait point, et qu'à l'avenir j'aurais tout le loisir de réfléchir sur le mépris que j'aurais fait de ses conseils, sans trouver le moyen d'en réparer la perte.

Ce discours fut véritablement prophétique, quoiqu'à mon avis il ne le crût point tel; et je remarquai sur la fin que les larmes coulaient abondamment de son visage, sur-tout quand il parla de la mort de mon frère. Mais lorsqu'il dit que j'aurais le loisir de me repentir sans avoir personne pour m'assister, il fut si ému qu'il s'interrompit, et m'avoua qu'il n'avait pas la force de passer outre.

Je fus sincèrement touché d'un discours si tendre; je résolus de ne plus penser à mes voyages, mais plutôt de m'établir chez nous, suivant les intentions de mon père. Mais hélas! cette bonne disposition passa comme un éclair; et pour prévenir désormais les importunités de mon père, je résolus de m'éloigner sans prendre congé de lui. Néanmoins je n'en vins pas sitôt à l'exécution, et je modérai un peu l'excès de mes premiers mouvemens. Un jour que ma mère paraissait un peu plus gaie qu'à l'ordinaire, je la pris à part: je lui dis que ma passion pour voir le monde était insurmontable, qu'elle me rendait incapable d'entreprendre quoi que ce fût avec assez de résolution pour en venir à bout, et que mon père ferait mieux de me donner congé que de me forcer à le prendre. Je la priai de faire réflexion que j'avais déjà dix-huit ans, et qu'il était trop tard pour entrer en apprentissage, ou pour devenir clerc chez un procureur; que si je l'entreprenais, j'étais sûr de ne jamais finir mon temps, de m'enfuir de chez le maître avant le terme, et de m'embarquer; mais que si elle voulait bien parler pour moi, et m'obtenir de mon père la permission de faire un voyage sur mer, je lui promettais, en cas que je revinsse, et que je ne m'accommodasse pas de cette vie errante, de n'y plus retourner, et de réparer ensuite le temps perdu par un redoublement de diligence.

A ces propos, ma mère se mit fort en colère; elle me dit que ce serait peine perdue de parler à mon père sur cette matière, qu'il était trop informé de mes véritables intérêts pour donner son consentement à une chose qui me serait si pernicieuse; qu'elle ne concevait pas comment j'y pouvais encore penser, après l'entretien que j'avais eu avec lui, et malgré les expressions tendres et engageantes dont elle savait qu'il avait usé pour me ramener; en un mot, que si je voulais m'aller perdre, elle n'y voyait point de remède, mais qu'assurément elle n'y donnerait jamais son consentement, pour ne pas travailler à ma ruine, et qu'il ne serait jamais dit que ma mère eût donné les mains à une chose que mon père aurait rejetée.

Quoiqu'elle m'eût ainsi refusé, néanmoins j'ai appris dans la suite qu'elle avait rapporté le tout à mon père, et que, pénétré de douleur, il avait dit en soupirant : « Ce garçon pourrait être heureux, s'il voulait demeurer à la maison; mais il sera le plus misérable de tous les mortels s'il va dans les pays étrangers : je n'y consentirai jamais. »

Ce ne fut qu'un an après ceci que je m'échappai. Cependant je m'obstinais à fermer l'oreille à toutes les propositions qu'on me faisait d'embrasser une profession. Souvent même je me plaignais à mon père et à ma mère qu'ils fussent si fermes à me contrecarrer dans une chose pour laquelle je me sentais une inclination décidée.

Mais un jour me trouvant à Hull, où j'étais allé par hasard, et sans aucun dessein formé de prendre l'essor, j'y rencontrai un de mes camarades qui était sur le point d'aller par mer à Londres (1), sur le vaisseau de son père. Il m'invita à aller avec lui, et pour mieux m'y engager, il me tient le langage ordinaire des marins; savoir, qu'il ne m'en coûterait rien

(1) Capitale de la Grande-Bretagne, siége de la monarchie anglaise; elle a plus de 800,000 habitans.

pour mon passage. Là-dessus je ne consulte plus ni père ni mère, je ne me mets pas en peine de leur faire savoir de mes nouvelles; mais remettant la chose au hasard, sans demander la bénédiction de mon père, ni implorer l'assistance du ciel, sans faire attention ni aux circonstances ni aux suites, je me rends à bord d'un vaisseau qui allait à Londres. Ce jour, le plus fatal de toute ma vie, fut le premier septembre de l'an mil six cent cinquante et un. Je ne pense pas qu'il y ait jamais eu un jeune aventurier dont les infortunes aient commencé plus tôt et duré plus long-temps que les miennes. A peine le vaisseau était-il sorti de la rivière d'Humber (1) que le vent commença à fraichir, et la mer à s'enfler d'une furieuse manière. Comme je n'avais pas été sur mer auparavant, la maladie et la terreur s'emparant à la fois de mon corps et de mon âme, me plongèrent dans un chagrin que je ne puis exprimer. Je commençai dès-lors à faire de sérieuses réflexions sur ce que j'avais fait, et sur la justice divine, qui châtiait en moi un enfant vagabond et désobéissant. Dès-lors, tous les bons conseils de mes parens, les larmes de mon père, les prières de ma mère, se présentèrent vivement à mon esprit; et ma conscience, qui n'était pas encore endurcie comme elle l'a été depuis, me reprochait d'avoir méprisé des leçons si salutaires, et de m'être éloigné de mon devoir envers mon père et envers Dieu.

Pendant ce temps-là la tempête se renforçait, la mer s'agitait de plus en plus; et quoique ce ne fût rien en comparaison de ce que j'ai souvent vu depuis, et sur-tout de ce que je vis peu de jours après, toutefois c'en était assez pour ébranler un nouveau marin, et un homme qui, comme moi, se voyait sur un nouvel élément. Je m'attendais à tout moment que les flots nous engloutiraient, et chaque fois que le vaisseau

(1) Grande rivière d'Angleterre, dans la province d'Yorck.

s'abaissait, je craignais qu'il n'allât toucher au fond de la mer pour n'en plus revenir. Dans cette angoisse, je fis vœu plusieurs fois que si Dieu me sauvait de ce voyage, et qu'il me fît la grace de reprendre terre, je ne remonterais de mes jours sur un vaisseau et ne m'exposerais plus à de pareilles misères, mais que je m'en irais tout droit chez mon père, et me conduirais par ses conseils. C'est alors que je vis clairement combien étaient justes ses observations sur l'état mitoyen de la vie, combien il avait passé ses jours doucement et agréablement, n'ayant eu à essuyer ni tempête sur la mer ni disgrace sur la terre. Ainsi, me proposant la pénitence de l'enfant prodigue, je résolus de retourner à la maison de mon père.

Ces sages et saines pensées durèrent autant de temps que la tempête, et même un peu au-delà. Le jour suivant, le vent s'était abattu, la mer appaisée, et je commençais un peu à m'accoutumer. Je ne laissai pas d'être sérieux toute la journée, me sentant encore indisposé du mal de mer; mais à l'approche de la nuit le temps s'éclaircit, le vent cessa tout-à-fait; une charmante soirée s'ensuivit; le soleil se coucha sans nuage, et le lendemain il se leva de même. Ainsi l'air, qui n'était agité que d'un vent doux et léger, l'onde unie comme la glace, le soleil qui brillait, faisaient à mes yeux le plus délicieux des spectacles.

J'avais bien dormi pendant la nuit, et loin d'être encore incommodé du mal de mer, j'étais plein de courage, regardant avec admiration l'Océan qui, le jour d'auparavant, avait été si courroucé et si terrible, et qui se faisait voir alors si calme et si agréable. Là-dessus, de crainte que je ne persistasse dans les bons propos que j'avais faits, mon compagnon, qui véritablement m'avait engagé dans cette équipée, s'en vint à moi, me donnant un coup sur l'épaule : Eh » bien! camarade, dit-il, je gage que vous aviez » peur, la nuit précédente; n'est-il pas vrai? Ce

» n'était cependant qu'une bouffée. » *Comment !* dis-je, *vous n'appelez cela qu'un bouffée : c'était une horrible tempête !* « Une tempête ! répliqua-t-» il ; que vous êtes innocent ! ce n'était rien du tout ; » vraiment, vraiment nous nous moquons bien du » vent quand nous avons bon vaisseau et que nous som-» mes au large ; mais camarade, voulez-vous que je » vous dise la vérité ? c'est que vous n'êtes encore » qu'un novice. Çà, ça, mettons-nous afaire du *punch* » (1), et que les plaisir de Bacchus (2) nous fassent » entièrement oublier la mauvaise humeur de Neptune » (3). Voyez-vous quel beau temps il fait à cette » heure ! » Enfin, pour abréger ce triste endroit de mon histoire, nous suivîmes le vieux train des gens de mer : on fit du *punch*, je m'énivrai, et dans une nuit de débauche, je noyai tous mes repentirs, toutes mes réflexions sur ma conduite passée et toutes mes résolutions pour l'avenir. En un mot, comme à l'orage on avait vu succéder successivement le calme et la tranquillité sur les eaux, ainsi l'agitation de mes pensées finie, ma crainte dissipé, mes premiers désirs revenus, j'oubliai entièrement les promesses et les vœux que j'avais formés dans la détresse. Il est bien vrai que j'avais quelques intervalles de réflexions, et que les bons sentimens revenaient quelquefois à la charge, comme il arrive dans ces sortes d'occasions ; mais je les repoussais, et je tâchais de m'en guérir comme d'une maladie. En prenant à tâche de bien boire et d'être toujours en compagnie, j'eus bientôt prévenu le retour de ces accès, car c'est ainsi que je les appelais ; de sorte qu'en cinq ou six jours de tems j'obtins sur ma conscience une victoire aussi complète que le pourrait souhaiter un jeune homme qui cherche

(1) Boisson composée de jus de citron, d'eau-de-vie, de thé, de sucre et d'eau ordinaire.
(2) Dieu du vin, selon la fable.
(3) Dieu des eaux, selon la fable.

à en étouffer les remords. La Providence, selon ses vues de miséricorde ordinaires en pareil cas, avait déterminé de me laisser sans excuse; et puisque je ne reconnaissais pas mon libérateur dans cette dernière occasion, celle qui devait se présenter était telle, que le plus méchant garnement et le plus endurci qui fût parmi nous, confesserait en même tems et le danger extrême où nous aurions été, et la main adorable qui nous en aurait tirés.

Le sixième jour de notre navigation, nous arrivâmes à la rade d'Yarmouth (1). Comme le vent avait été contraire, et le tems calme, nous n'avions fait que peu de chemin depuis la tempête. Ainsi nous fûmes obligés de mouiller en cet endroit, et nous y demeurâmes, le vent continuant d'être contraire et de soufler sud-ouest sept ou huit jours de suite, pendant lesquels plusieurs vaisseaux de Newcastle (2) entrèrent dans la même rade, le rendez-vous commun de ceux qui attendent un bon vent pour gagner la Tamise (3).

Néanmoins, nous n'aurions pas laissé écouler tant de tems sans atteindre l'embouchure de cette rivière, à la faveur de la marée, si ce n'eût été que le vent était trop rude, et qu'au quatrième ou cinquième jour il devint très-violent. Mais une rade passant pour aussi bonne qu'un hâvre, notre ancrage étant bon, et le fond où nous mouillions très-ferme, nos gens ne se mettaient en peine de rien et n'avaient aucun pressentiment de danger, puisqu'ils passaient le tems dans le repos et dans la joie, comme on fait sur mer. Mais le huitième jour le vent augmenta, et tout

---

(1) Ville d'Angleterre, dans le Norfolck, dont la pêche du hareng fait le principal commerce.

(2) Grande ville d'Angleterre, capitale du Northumberland, peuplée d'environ 40,000 âmes.

(3) La plus considérable rivière d'Angleterre.

l'équipage fut commandé pour abattre les mats du perroquet, et pour tenir toutes choses bien serrées et en bon ordre, afin de donner au vaisseau tout l'allégement possible. Vers le midi, la mer s'enfla prodigieusement : notre chateau-gaillard plongeait à tout moment, et les flots innondèrent le batiment plus d'une fois. Là-dessus, le maitre fit jeter l'ancre-maitresse, mais nous ne laissâmes pas de chasser sur deux ancres, après avoir filé nos cables jusqu'au bout.

Pour le coup, la tempête était horrible, et je voyais déjà l'étonnement la terreur sur le visage des matelots mêmes. Quoique le maître fût un homme infatigable dans son emploi, qui est de veiller à la conservation du vaisseau, cependant je l'entendais souvent qui, en passant auprès de moi, à l'entrée et au sortirde sa cabane, proférait tout ces basses paroles ou autres semblables : *Grand Dieu ! ayez pitié de nous ! nous sommes tous perdus ! c'est fait de nous.* Dans cette première confusion, j'étais tout étendu, stupide et immobile dans ma cahute, qui était auprès du gouvernail, et je ne saurais bien dire quelle était la situation de mon premier repentir, dont j'avais foulé aux pieds tous les engagemens par endurcissement de cœur effroyable. Les horreurs de la mort, que javais cru tout-à-fait passées, ne pensant pas que ce second orage approcherait du premier, se réveillant quand j'entendis dire au maitre, comme je viens de le conter, que nous allions tous périr. Je sortis de ma cahute pour voir ce qui se passait dehors. Un plus affreux spectacle n'avait jamais frappé ma vue ; les flots s'érevaient comme des montagnes, et venaient fondre sur nous de moment à autre ; de quelque côté que je tournasse les yeux, ce n'était que consternation. Deux vaisseaux passèrent auprès de nous, pesamment chargés, qui avaient leurs mâts coupés raz pied, et nos gens s'écrièrent qu'un vaisseau qui était à un mille devant nous venait de couler à fond. Deux autres batimens, détachés de leurs ancres, avaient été jetés à la rade en pleine mer, voguant sans mats, à l'aventure. Les batimens légers se trouvaient le moins en butte à la tourmente, comme étant moins accablés de leur propre poids, et il en passa deux ou trois tout proche de nous, qui couraient vent arrière avec la seule voile de beaupré.

Vers le soir, le pilote et le contre-maitre demandèrent au maitre la permission de couper le mat de devant, à quoi ce dernier temoigna beaucoup de répugnance ; mais le contre-maitre lui ayant représenté que, si on ne le faisait pas, le vaisseau s'enfoncerait infailliblement, il y consentit ; et quand le mat de devant eût été coupé, celui du milieu branlait si fort et donnait de telles secousses, qu'on fut obligé de le couper pareillement, et de rendre le pont raz d'un bout à l'autre.

Je vous laisse à penser en quel état j'étais dans cette conjoncture, moi qui n'avais point encore navigué, et à qui peu de chose avait déjà causé une telle épouvante. Mais si je puis de si loin rappeler les pensées que j'avais, le souvenir des leçons que j'aurais dû tirer du dernier péril, et le mépris que j'en avais fait pour suivre ma première et méchante résolution, m'effrayaient plus que la mort. Ces réflexions, jointes à l'horreur qui naissait naturellement de la tempête, me jetèrent dans une situation qu'il n'est pas permis d'exprimer. Mais nous n'en devions pas être quittes à si bon marché ; la tempête continua avec tant de furie, que les matelots eux-mêmes confessèrent n'en avoir jamais vu une pire. Notre vaisseau était bon, mais extrêmement chargé, et si fort affaissé dans l'eau, que les matelots s'écriaient de tems en tems qu'il allait s'enfondrer. Je m'informai de la signification de ce mot *enfondrer* car je l'ignorais auparavant, et j'aurais dû, en quelque façon, chérir cette ignorance. Cependant la tempête était si violente, que je voyais ce qu'on voit rarement, le maître, le contre-maître et quelques autres des plus notables, faisant leur prière, s'attendant à tout moment que le vaisseau irait à fond. Pour surcroît, vers le milieu de la nuit, un homme qu'on avait envoyé en bas pour visiter le fond de cale, s'écria qu'il y avait une ouverture, et un autre dit que nous avions quatre pieds d'eau. Alors on appela tout le monde à la pompe. Ce mot seul me jeta dans une telle consternation, que j'en tombai à la renverse sur mon lit, au bord duquel j'étais assis. Mais les gens du vaisseau s'en vinrent me tirer de ma léthargie, et me dirent que, si je n'avais été propre à rien jusqu'ici, j'étais à cette heure aussi capable de pomper qu'aucun autre. Sur quoi je me levai et m'en allai à la pompe, où je travaillai vigoureusement. Pendant que ces choses se passaient, le maître, voyant quelques bâtimens légers de charbonniers qui, ne pouvant tenir contre la tempête, étaient obligés de gagner le large, et qui voulaient venir vers nous, fit tirer un coup de canon pour signal de l'extrême danger où nous étions. Moi qui ne savais ce que cela signifiait, je fus si étonné que je crus le vaisseau brisé, ou qu'il était arrivé quelque autre accident terrible : en un mot, je m'évanouis. Mais comme c'était en un tems où chacun pensait à sa propre vie, on ne prenait pas garde à moi ni à l'état où je me trouvais ; seulement un autre prit ma place à la pompe, et me poussant à côté avec son pied, me laissa tout étendu, dans la pensée que j'étais mort ; et en effet, je ne revins à moi que longtems après.

On continuait de pomper, mais l'eau croissant à fond de cale, il y avait toute apparence que le vaisseau s'enfondrerait, et quoique la tempête commençât tant soit peu à diminuer, il n'était pourtant pas possible qu'il voguât jusqu'à pouvoir entrer dans un port : de sorte que le maître persista à faire tirer le canon pour demander du secours. Un petit bâtiment, qui venait justement de passer devant nous, hasarda un bateau pour nous secourir ; ce ne fut qu'avec beaucoup de risque que ce bateau approcha, et il ne paraissait nullement praticable que nous y entrassions ni qu'il nous abordât ; quand enfin les rameurs faisant les derniers efforts, et exposant leur vie pour sauver la nôtre, nous leurs jetâmes de l'arrière une corde avec une bouée, et lui donnâmes une grande longueur. Eux, bravant et la peine et le danger, s'en saisirent, et nous, après les avoir tirés jusque sous la poupe, nous nous mîmes dans leur bateau. C'est en vain que nous aurions pretendu et les uns et les autres aborder à leur vaisseau : ainsi tous convinrent qu'il fallait nous laisser flotter, mais tourner la pointe tant que nous pourrions vers la terre ; et notre maître promit que si le bateau était endommagé en touchant le sable, il tiendrait compte au maître de leur vaisseau. Donc, partie en ramant, partie en suivant le gré du vent, nous déclinâmes au nord presque jusqu'à Winterton Ness.

Il n'y avait guère plus d'un quart-d'heure que nous avions quitté notre vaisseau lorsque nous le vîmes couler à fond ; et c'est alors que j'ai appris, pour la première fois, ce qu'on èntendait par *couler à fond*, en terme de marine ; mais j'avoue franchement que j'avais la vue un peu trouble, et qu'à peine pouvais-je discerner les choses, quand les matelots me dirent que le bâtiment enfonçait : car dès le moment que je m'étais mis, ou plutôt qu'ils m'avaient mis dans le bateau, j'étais comme un homme pétrifié, tant à cause de la peur qui m'avait saisi, que de ce que j'anticipais par mes reflexions toutes les horreurs de l'avenir.

Pendant ce tems-là nos gens faisaient force de rames pour approcher de terre tant que nous pourrions ; et lorsque le bateau était au-dessus des vagues, d'où l'on avait une vaste découverte, nous voyons grand nombre de personnes qui accouraient le long du rivage pour nous assister dès que nous serions proche. Mais nous n'avancions que peu vers la terre, et même nous ne pouvions pas aborder jusqu'à ce que nous eussions passé le fanal de Winterton; car au-delà, la côte s'enfonce à l'ouest du côté de Cromer, et ainsi elle brisait un peu la violence du vent. Ce fut en cet endroit, et non sans de grandes difficultés, que nous descendimes tous heureusement à terre. De là nous allâmes à pied à Yarmouth, où nous fûmes traités d'une manière capable de soulager des infortunés, c'est-à-dire, avec beaucoup d'humanité, soit de la part du magistrat, qui nous assigna de bons quartiers, soit par des marchands particuliers et des propriétaires de vaisseaux, qui nous donnèrent assez d'argent, ou pour aller à Londres, ou pour retourner à Hull, si nous le jugions à propos.

C'est alors que je devais avoir le jugement de prendre le chemin de Hull pour m'en retourner à la maison. C'est la route qu'il m'aurait fallu tenir pour devenir heureux ; et mon père, qui était un emblême de celui dont il est parlé dans la parabole de l'Evangile, aurait même tué le veau gras ; car ayant appris que le vaisseau sur lequel je m'étais embarqué avait fait naufrage dans la rade d'Yarmout, il fut longtems avant de savoir que je n'avais pas été noyé.

Mais ma mauvaise destinée m'entraînait avec une force irrésistible, et quoique souvent la raison et le jugement criassent tout haut qu'il fallait m'en retourner chez moi, je ne pouvais pourtant m'y résoudre. Je ne sais quel nom donner à ceci, et je ne prétends pas affirmer que c'est un décret inviolable qui nous pousse à être les instrumens de notre propre malheur, et à nous lancer dans le précipice qui est à nos pieds et devant nos yeux; mais véritablement il fallait que je fusse en quelque sorte destiné à une misère certaine et inévitable, pour prendre un parti si directement contraire à de solides raisonnemens et à ma propre conviction, et dont le danger extrême que j'avais couru dès le commencement en deux tempêtes consécutives, et qui était une leçon pathétique, aurait dû me détourner.

Mon camarade, qui avait contribué à mon endurcissement, et qui était le fils du maître, était maintenant bien plus découragé que moi. La première fois qu'il me parla à Yarmouth (ce qui n'arriva que le second ou le troisième jour, parce que nous étions partagés en différens quartiers de la ville), je m'aperçus qu'il avait changé de ton, il me demanda d'un air fort mélancolique et en secouant la tête, comment je me portais, et dit à son père qui j'étais, et que je m'étais mis de ce voyage pour un essai, dans le dessein d'en faire d'autres. Le père se tournant de mon côté, d'un air grave et touché : Jeune homme, dit-il, vous ne devez plus retourner sur mer ; vous devez prendre ceci pour une marque certaine et visible qu'il ne faut pas que vous fréquentiez cet élément. Monsieur, lui dis-je, pourquoi cela ? est-ce que vous renoncez à la mer ? Mon cas, répliqua-t-il, est bien différent ; je suis marin de profession, c'est ma vocation, c'est mon devoir de la remplir, au lieu que vous n'avez entrepris ce voyage que pour essayer : et voyez quel avant-goût la Providence vous a donné de ce à quoi vous devez vous attendre, en cas que vous persistiez ; peut être êtes-vous la cause de tout ce qui nous est arrivé, comme fut autrefois Jonas sur le vaisseau Tarsis ; enfin, ajouta-t-il, qui êtes-vous, je vous prie, et pour quel sujet vous étiez-vous embarqué ? Sur cela, je lui fis une partie de mon histoire ; mais il m'interrompit sur la fin, et s'emportant d'une étrange manière, il s'écria : Qu'avais-je fait pour mériter davoir un tel malheureux ? Non, je ne voudrais pas pour tous les biens du monde monter derechef sur un vaisseau où vous seriez. C'était là, comme j'ai déjà dit, un vrai emportement, mais où le chagrin de la perte qu'il avait soufferte avait beaucoup de part, et où il passait les limites de son autorité. Quoi qu'il en soit, il me parla ensuite avec beaucoup de gravité ; il m'exhorta à m'en aller chez mon père, à ne pas tenter davantage la Providence, à reconnaître que le ciel était visiblement courroucé contre moi ; et enfin, jeune homme, dit-il, sachez que si vous ne vous en retournez ; vous ne trouverez partout que mauvais succès et que désastre, jusqu'à ce que les paroles de votre père se vérifient en vous.

Je lui répondis fort peu de choses ; nous nous séparâmes bientôt après, et je ne l'ai jamais vu depuis, ni ne sais quelle route il prit. Quant à moi, comme j'avais quelque argent dans ma poche, je m'en allai par terre à Londres. Là, aussi bien qu'en chemin, j'eus de grands débats avec moi-même sur le genre de vie que je devrais prendre ; savoir, si je m'en irais à la maison ou bien sur mer.

Pour ce qui était du premier article, la honte rejetait bien loin les plus saines pensées qui se présentaient à mon esprit. Je m'imaginais d'abord que je serais montré au doigt dans tout le voisinage, et que j'aurais honte de paraître, non devant mon père et ma mère seulement, mais même devant qui que ce soit. D'où j'ai souvent pris occasion de remarquer combien est perverse et brutale l'humeur ordinaire de la plupart des hommes, et surtout des jeunes gens qui, au lieu de se guider par la raison en telles occasions, ont à la fois honte de pécher et honte de se repentir ; rougissant, non pas de l'action qui doit les faire passer pour des insensés, mais du repentir, qui seul leur peut mériter le titre de sages.

Cependant je demeurai quelque tems dans cet état d'irrésolution, ne sachant ni quel parti ni quel genre de vie j'embrasserais. Je continuais d'avoir une répugnance invincible à m'en retourner chez nous ; à mesure que le tems se passait, le souvenir de ma dernière détresse s'effaçait de mon imagination, et s'il me venait quelques légers désirs de retour, ils s'amortissaient tellement qu'enfin j'en perdis tout-à fait la pensée, et je cherchai à faire un voyage.

Cette influence maligne qui m'avait premièrement entrainé hors de la maison de mon père, et qui m'avait inspiré le dessein bizarre et téméraire de pousser ma fortune, qui s'était emparé de moi jusqu'à me rendre sourd aux avis, aux remontrances, et même aux ordres de mon père; cette influence, dis-je, telle qu'elle fût, me fit concevoir de toutes les entreprises la plus funeste. Je m'embarquai sur un vaisseau qui allait aux côtes de l'Afrique, ou, pour parler le langage ordinaire des matelots, pour un voyage de *Guinée*(1).

Dans toutes ces aventures, ce fut un malheur pour moi que je ne m'embarquasse pas en qualité de simple matelot : car sur ce pied, j'aurais, à la vérité, travaillé plus fort que de coutume; mais en même tems j'aurais appris la marine, et me serais rendu capable de devenir pilote ou lieutenant, et peut-être maître d'un vaisseau. Mais en ceci comme en toute autre chose, j'étais destiné à choisir le plus mauvais ; et me sentant de l'argent dans la poche et de bons habits sur le corps, je ne voulais point aller qu'en habit de gentilhomme ; de cette manière je n'y avais aucun emploi, ni ne me mettais en état d'en avoir.

Dès que je fus arrivé à Londres, je fus assez heureux pour tomber en bonne compagnie, chose qui n'arrive pas à un jeune homme aussi libértin et malavisé que je l'étais. Le diable ne manque pas de tendre des piéges, mais je fus assez heureux que de n'y pas donner. La première personne avec laquelle je fis connais-

(1) Grand pays d'Afrique, dont on ne connaît guère que les côtes.

sance, fut un maître de vaisseau, lequel avait été sur la côte de Guinée, et ayant eu un fort heureux succès, était résolu d'y retourner. Cet homme trouva du plaisir à ma conversation, qui n'était pas tout-à-fait désagréable en ce tems-là, et m'entendant dire que j'avais envie de voir le monde, il me proposa de m'embarquer avec lui pour le même voyage; que je ne serais pas obligé de faire la moindre dépense, que je mangerais avec lui, et serais son compagnon; que si je voulais emporter quelque chose avec moi, je jouirais de tous les avantages que peut procurer le commerce, et que peut-être le gain qui m'en reviendrait ne frustrerait pas mes espérances.

J'embrassai l'offre, et me liant d'étroite amitié avec le capitaine, qui était un honnête homme et allant droit, j'entrepris de faire le voyage avec lui. Je mis à l'aventure une somme qui était, à la vérité, petite mais qui se multiplia considérablement par la probité et le désintéressement du capitaine. Elle montait en tout à quarante livres sterling, que j'employai en quincailleries, suivant son conseil. J'avais amassé cet argent avec l'assistance de quelques-uns de mes parens, qui avaient correspondance avec moi, et qui, comme je crois, avaient engagé mon père et ma mère à contribuer pour pareille somme à ma première aventure.

Je puis dire que, de tous mes voyages, celui-ci est le seul qui m'ait réussi : j'en suis redevable à la bonne foi et à la générosité de mon ami le capitaine; car, parmi plusieurs autres avantages que j'avais avec lui, j'eus encore celui d'apprendre passablement les mathématiques et les règles de la navigation, à tenir un compte de la course du vaisseau, et à faire mes observations; enfin, je m'acquis des connaissances absolument nécessaires a un marin, et s'il se plaisait à m'enseigner, je me plaisais à apprendre; tellement que ce voyage meerendit à la fois et matelot et marchand. En effet, j'en rapportai cinq livres et neuf onces de poudre d'or pour mon aventure, ce qui me valut à Londres environ trois cents livres sterling. Ce succès m'inspira de vastes projets, qui, depuis, causèrent ma ruine entière.

Quelque fortuné que je fusse en ce voyage, je n'y fus cependant pas exempt de disgrâces. Entre autres choses, j'y étais toujours malade, et j'eus une fièvre ardente, causée par les chaleurs du climat, car notre principal commerce se faisait sur une côte qui s'étend depuis le quinzième degré de latitude septentrionale jusqu'à la ligne (1).

Enfin j'étais devenu marchand de Guinée; mais pour mon malheur, ce bon ami, le capitaine du vaisseau, était mort peu de jours après notre arrivée. Néanmoins je me résolus à refaire le même voyage, et me rembarquai sur le même vaisseau avec un homme qui, la première fois, en avait été le pilote, et cette seconde, en avait été le commandant. Jamais navigation ne fut plus malheureuse que celle-ci; car quoique je ne portasse pas avec moi moins de cent pièces de l'argent que j'avais gagné, et que j'en eusse laissé deux autres cents entre les mains de la veuve de mon ami défunt, laquelle en usa avec beaucoup d'équité, il ne laissa pas de m'arriver d'étranges malheurs. Le premier fut, qu'en faisant route vers les Canaries (2), ou plutôt entre ces îles et les côtes d'Afrique, nous fûmes surpris à la pointe du jour par un corsaire turc de Salé (3), qui nous donna la chasse avec toutes ses voiles. De notre côté, nous mîmes au vent toutes celles que nous avions et que nos mâts pouvaient porter,

---

(1) Equateur, grand cercle de la sphère, également distant des poles.

(2) Iles de l'Océan, proche l'Afrique; il y a une quantité de serins, et c'est de ces îles que viennent ceux d'Europe.

(3) Ville d'Afrique.

pour nous sauver; mais voyant qu'il gagnait sur nous, et qu'au bout de quelques heures il ne manquerait pas de nous avoir atteints, nous nous préparâmes au combat. Nous avions à bord douze canons; l'écumeur (1) en avait dix-huit. Sur les trois heures après-midi il fut à notre portée, commença l'attaque, et fit une méprise; car au lieu de nous prendre en arrière, comme c'était son dessein, il fit une décharge sur un de nos côtés; ce que voyant, nous y pointâmes huit de nos canons pour soutenir son attaque, et lâchâmes une bordée qui le fit reculer; ce ne fut pourtant qu'après nous l'avoir rendue, et en faisant jouer la mousqueterie, qui était de deux cents hommes. Cependant nos gens se tenaient fermes; aucun d'eux n'avait été touché. Il se prépara à renouveler le combat, et nous à le soutenir. Mais étant venu de l'autre côté à l'abordage, soixante des siens se jetèrent sur notre pont, et commencèrent à jouer de la hache, coupant et taillant mâts et cordages. De notre côté, nous les recevions à coups de mousquets, de demi-piques, de grenades et autres choses semblables; en sorte que nous les chassâmes par deux fois de dessus notre pont. Néanmoins, pour ne pas insister sur cette époque lugubre de notre histoire, le vaisseau étant désemparé, trois de nos gens tués, et huit autres blessés, nous fûmes contraints de nous rendre, et emmenés prisonniers à Salé, qui est un port appartenant aux Mores.

Les traitemens qu'on me fit là ne furent point si terribles que je l'aurais cru d'abord, et je ne fus point emmené avec le reste de nos gens loin dans le pays, au lieu où l'empereur fait sa demeure; mais le capitaine du corsaire me garda pour la part de la prise, comme étant jeune et agile, et par conséquent tout propre pour lui. Un changement de condition si étrange, qui de marchand me faisait esclave, m'abîma

(1) Pirate, celui qui court les mers pour piller.

de douleur. Je me ressouvins du discours vraiment prophétique de mon père, qui m'avait prédit que je serais misérable, et que je n'aurais personne pour me secourir dans ma misère. Ne connaissant pas un plus haut période de calamité, il me paraissait que la prédiction était entièrement accomplie, que la main de Dieu s'était appesantie sur moi, et que j'étais perdu sans ressource. Mais hélas ! ceci n'était qu'un échantillon des maux que je devais souffrir, comme on le verra dans la suite de cette histoire.

Comme mon nouveau patron, ou, si vous le voulez, mon nouveau maître, m'avait emmené avec lui dans sa maison, j'espérais aussi qu'il me prendrait avec lui lorsqu'il irait en mer; que sa destinée serait tôt ou tard d'être pris par un vaisseau de guerre espagnol ou portugais, et que, de cette manière, je recouvrerais ma liberté; mais cette espérance s'évanouit bientôt, car, lorsqu'il s'embarqua, il me laissa à terre pour soigner son petit jardin, et pour faire les fonctions ordinaires d'un esclave dans la maison; et quand il fut de retour de sa course, il m'ordonna de coucher dans sa cabane pour prendre garde au vaisseau.

Etant à bord, je ne pensais à autre chose qu'à m'échapper, et à la manière dont je m'y prendrais pour cela; mais après y avoir bien songé, je ne trouvais aucun expédient qui pût satisfaire un esprit raisonnable, ni qui fût tant soit peu plausible; car je n'avais personne à qui je pusse me communiquer, ni qui voulût s'embarquer avec moi; nul compagnon d'esclavage; pas un seul Anglais, Irlandais ou Ecossais: j'étais seul de cette nation, tellement que pendant deux ans entiers je ne vis point la moindre apparence de pouvoir exécuter un tel projet, quoique j'en recréasse souvent mon imagination.

Au bout de deux ans, il se présenta une occasion assez singulière, et qui réveilla en moi la pensée que j'avais conçue dès long-tems, de travailler au recouvrement de ma liberté. Comme mon patron restait à terre plus long-tems que de coutume, et qu'il n'équipait point son vaisseau, et cela faute d'argent, à ce que j'appris, il ne manquait point, deux ou trois fois la semaine, de sortir avec la grande chaloupe pour pêcher dans la rade. Alors il me menait avec lui, aussi bien qu'un jeune Moresque, pour ramer dans le bateau : nous lui donnions tous deux du divertissement, et je me montrai fort adroit à la pêche : enfin, il était si content, que quelquefois il m'envoyait avec un More de ses parens et le jeune Moresque, pour lui pêcher un plat de poisson.

Il arriva qu'une fois étant allé pêcher le matin, dans un grand calme, il s'éleva tout à coup un brouillard si épais qu'il nous déroba la vue de la terre, quoique nous n'en fussions pas éloignés d'une demi-lieue : nous nous mîmes à ramer sans tenir de route certaine, nous travaillâmes tout le jour et toute la nuit suivante ; le lendemain au matin nous nous trouvâmes en pleine mer ; au lieu de nous approcher du rivage, nous nous en étions éloignés tout au moins de deux lieues, mais nous retournames à bon port, quoique ce ne fût pas sans beaucoup de peine et même sans quelque danger ; car le vent commençait à être un peu fort, et surtout nous avions une grande faim.

Cet accident rendit notre patron plus précautionné pour l'avenir. Il résolut donc de n'aller plus à la pêche sans une boussole (1) et quelques provisions, d'autant qu'il avait en sa disposition le grand bateau du vaisseau anglais qu'il avait pris sur nous. Ainsi il ordonna à son charpentier, qui était aussi un esclave anglais, de construire au milieu de ce bateau une cahute semblable à celle d'une barque, laissant suffisamment d'espace derrière et devant ; là, pour

---

(1) Boîte qui contient une aiguille aimantée, qui étant suspendue, se tourne vers le nord, et guide le voyageur.

manier le gouvernail et haler la grande voile; ici, pour le maniement libre de deux personnes qui pussent, par conséquent, aplester ou enverguer (1), et fait toute la manœuvre. Ce bateau cinglait avec une voile latine ou triangulaire, laquelle portait pardessus la cabane. Dans cette cabane, qui était fort basse, le capitaine avait assez de place pour y coucher avec un ou deux esclaves; pour une table, pour de petites armoires à mettre telles liqueurs qu'il voudrait, et particulièrement son pain, son riz et son café.

Il sortait souvent avec ce bateau pour aller à la pêche, et comme j'avais l'adresse de lui attraper beaucoup de poisson, il n'allait jamais sans moi.

Or il arriva qu'il avait fait partie avec deux ou trois Mores qui étaient de quelque distinction dans ce lieu-là, pour sortir un jour avec ce bateau, afin de pêcher et se récréer. A cet effet il avait des provisions extraordinaires, qu'il fit embarquer la veille dans le bateau, et il m'ordonna de tenir tout prêts trois fusils avec du blomb et de la poudre qu'il y avait à bord du vaisseau, parce qu'ils avaient le dessein de prendre le plaisir de la chasse aussi bien que celui de la pêche.

Je préparai toutes choses conformément à ses ordres. Le lendemain au matin, je l'attendais dans le bateau, que j'avais bien lavé et rendu plus propre, et où j'avais arboré les flammes et les pendans; en un mot, je n'avais rien oublié de ce qui pouvait contribuer à bien recevoir ses hôtes, lorsque je vis venir mon patron tout seul, qui me dit que ses convives avaient remis la partie à une autre fois, à cause de quelques affaires qui leur étaient survenues. Il m'ordonna en même tems d'aller avec le bateau, accom-

---

(2) Termes de marine, qui signifient déployer et attacher les voiles pour recevoir le vent et partir.

pagné comme de coutume, de l'homme et du jeune garçon, pour lui prendre du poisson, parce que ses amis devaient souper chez lui, et il m'enjoignit de le porter à sa maison aussitôt que j'en aurais attrapé, à quoi je me disposai d'abord d'obéir.

Ce moment fit renaître mon premier dessein de m'affranchir de mon esclavage; je considérais que j'étais sur le point d'avoir un petit vaisseau à mon commandement; et dès que mon maître se fut retiré, je commençai à me préparer, non pas à une pêche, mais à un voyage, quoique je ne susse ni ne pensasse pas même quelle route je prendrais. En effet, celle qui devait m'éloigner de ce triste séjour, quelle qu'elle fût, me paraissait toujours assez favorable.

La première démarche que je fis, ce fut de m'adresser à ce More, sous le spécieux prétexte de pourvoir à notre subsistance pour le tems que nous serions à bord. Je lui dis donc qu'il ne nous fallait pas présumer manger du pain de notre patron; il me répondit que j'avais raison : ainsi il alla chercher un panier de biscuit de leur façon, et trois jarres d'eau fraîche, qu'il apporta à bord. Je savais l'endroit où était placée la cave, dont la structure me faisait bien voir que c'était une prise faite sur les Anglais: J'en allai tirer les bouteilles, et les portai au bateau dans le tems que le More était à terre, circonstance qui lui donnerait à juger qu'elles avaient été là auparavant pour l'usage de notre maître. J'y transportai encore une grande pièce de cire, pesant plus de cinquante livres, avec un paquet de ficelle, une hache, un marteau, toutes lesquelles choses nous furent dans la suite d'un grand usage, et surtout la masse de cire pour faire des chandelles. Je tendis à mon homme un autre piége, dans lequel il donna tout bonnement, et voici comment. Son nom était Ismaël, et c'est ce qu'ils appellent en ce pays-là Muli ou Mœli. Mœli, lui dis-je, nous avons ici les fusils de notre patron; ne pourriez vous pas nous procurer de la poudre et du menu plomb ? car nous pourrions très-bien tuer des alcamies (qui est une espèce d'oiseaux aquatiques) pour nous autres; et je sais qu'il a laissé à bord du vaisseau les provisions de la Sainte-Barbe. Oui-da, répliqua-t-il, j'en vais chercher; et conformément à sa parole, il apporta bientôt deux poches de cuir, l'une fort grande, où il y avait environ une livre et demie de poudre, et même davantage; l'autre pleine de plomb avec quelques balles : celle-ci pesait bien cinq ou six livres, et nous mimes tout cela dans le bâteau. De mon côté, j'avais trouvé de la poudre dans la chambre du capitaine, et j'en remplis une des grandes bouteilles que j'avais trouvées dans la cave, après avoir versé dans une autre le peu qui restait dedans. Nous étant ainsi pourvus de toutes les choses nécessaires, nous mimes à la voile, et sortimes du port pour aller à la pêche. Le château qui est à l'entrée du port savait qui nous étions, et ne prit pas connaissance de notre sortie. A peine étions-nous à un mille du port, lorsque nous amenames notre voile et nous assimes pour pêcher. Le vent soufflait nord nord-est, et par conséquent était contraire à mes désirs; car s'il eût été sud, j'aurais été assuré de gagner les côtes d'Espagne, et du moins de me rendre dans la baie de Cadix. Mais de quelque côté que vînt le vent, ma résolution était de quitter cette horrible demeure, et d'abandonner le reste au destin.

Nous péchâmes long-tems sans rien prendre, car lorsque je sentais un poisson à mon hameçon, je n'avais garde de le tirer hors de l'eau, de peur que le More ne le vit. Alors je lui dis : Ceci ne vaut rien qui vaille. Notre bon maître n'entend pas raillerie, il veut être bien servi; il faut aller plus loin. Lui, qui n'entendait point malice, opina de même, et, étant allé à la proue, il aplesta les voiles. Moi, qui étais au gouvernail, je conduisis le bateau près d'une lieue plus loin, après quoi je fis amener (1), faisant mine de vouloir pêcher. Mais tout à coup laissant le timon au petit garçon, je m'avançai vers la proue où le More était; et faisant comme si je me baissais pour ramasser quelque chose qui était derrière lui, je le saisis par surprise, et lui passant les bras entre les deux cuisses, je le lançai tout net hors du bord dans la mer. D'abord il revint au-dessus de l'eau, car il nageait comme un canard; il m'appela, il me supplia de le recevoir à bord, protestant de me suivre d'un bout du monde à l'autre si je voulais. Il nageait avec tant de vigueur derrière le bateau, qu'il m'allait bientôt atteindre, parce qu'il ne faisait que peu de vent: ce que voyant, je cours à la cahute, j'en tire un des fusils, je le couche en joue, et lui parlai de la sorte: Ecoutez, mon amie, je ne vous ai point fait de mal ni ne vous en ferai point, pourvu que vous restiez en repos. Vous savez assez bien nager pour gagner le rivage; la mer est calme: hatez-vous d'en profiter pour faire le chemin que vous avez d'ici à terre, et nous nous quitterons bons amis; mais si vous approchez de mon bord, je vous décharge un coup de fusil à la tête, car je suis résolu d'avoir ma liberté. A ces mots, il ne répliqua rien, se retourna d'un autre côté, et se mit à nager vers la côte. C'était un excellent nageur; ainsi je ne doute point qu'il n'y ait aisément abordé.

Je me serais déterminé à noyer le petit garçon, et j'aurais été bien aise de garder le More avec moi, mais il n'était pas sûr de se fier à lui. Après que je m'en fus défait de la manière que je viens de dire, je me tournai vers le petit garçon, qui s'appelait Xuri: Xuri, lui dis-je, si vous me voulez être fidèle, je ferai votre fortune, mais à moins que vous

(1) C'est-à-dire arrêter.

ne me le promettiez en mettant la main sur votre face, et que vous ne me juriez par Mahomet et par la barbe de son père, il faut que je vous jette aussi dans la mer. Ce petit garçon me fit un sourire, et me parla si innocemment, qu'il m'ôta tout sujet de défiance, ensuite il fit serment de m'être fidèle, et d'aller avec moi partout où je voudrais.

Tant que le More, qui était à la nage fut à la portée de ma vue, je ne changeai point de route, aimant mieux bouliner contre le vent, afin qu'on crût que j'étais allé vers le détroit. En effet, l'on ne se serait jamais imaginé qu'un homme, dans son bon sens, pût prendre d'autre parti, ni que nous ferions voile au sud, vers des régions toutes barbaresques, où des nations entières de nègres nous envelopperaient, selon toutes les apparences, avec leurs canots, pour nous égorger, où nous ne pourrions prendre terre sans nous exposer à être dévorés par des bêtes féroces ou par des hommes sauvages, plus cruels que les bêtes mêmes.

Mais dès qu'il commença à faire un peu sombre, et que je vis que la nuit approchait, j'altérai ma course, et mis le cap droit au sud-quart, au sud-est, tirant un peu vers l'est, pour ne pas trop m'écarter de terre, et comme j'avais un vent favorable, et que la surface de la mer était riante et paisible, je fis tant de chemin, que je crois que le lendemain, sur les trois heures après-midi, lorsque je découvris premièrement la terre, je pouvais être à cent cinquante milles de Salé, vers le sud, bien au-delà des domaines de l'empereur de Maroc (1), ou de quelqu'un des rois ses voisins; car nous n'y vîmes parsonne.

Cependant je redoutais fort les Mores, et j'avais si grande peur de tomber entre leurs mains, que je ne voulus ni m'arrêter, ni prendre terre, ni mouiller

(1) Ville d'Afrique, capitale de l'empire.

Ecoutez, mon ami, je ne vous ferai point de mal pourvu que vous restiez en repos.

l'ancre ; mais je continuai ma course pendant cinq jours entiers que dura ce vent favorable, au bout duquel tems le vent changea, et devint sud. Alors, je conclus que si j'avais à mes trousses quelque batiment de Salé, il cesserait de me donner la chasse. Ainsi je me hasardai à approcher de la côte, je jetai l'ancre à l'embouchure d'une petite rivière dont j'ignorais le nom, la latitude, le pays par où elle passait, les peuples qui en habitaient les bords. Je ne vis ni ne me souciais de voir aucune personne ; ce dont j'avais plus de besoin, était de l'eau fraiche. Ce fut le soir que nous entrames dans cette petite baie. Je résolus, dès aussitot qu'il sera nuit, d'aller à la nage et de reconnaitre le pays, mais la nuit étant venue, nous entendimes un bruit si épouvantable, causé par les hurlemens et les rugissemens de certaines bêtes sauvages, dont nous ne savions pas l'espèce, que le pauvre petit garçon faillit à en mourir de peur, et me supplia instamment de ne vouloir point débarquer jusqu'à ce qu'il fût jour. Je me rendis à sa prière, et je lui dis : » Non, Xuri, je » ne veux point débarquer maintenant, mais aussi, » ajoutai-je, le jour pourra nous faire voir des hom- » mes qui sont aussi à craindre pour nous que ces » lions. » *Alors*, reprit-il en riant, *nous tirer à eux un bon coup de fusil, pour faire eux prendre fuite* ; car Xuri n'avait pas appris un langage plus pur en conversant avec nos esclaves. Cependant j'étais bien aise de voir qu'il eût si bon courage, et pour le fortifier davantage, je lui donnai un petit verre de liqueur, que je tirai de la cave de notre patron. Après tout, l'avis de Xuri était bon, aussi je le suivis. Nous jetames notre petite ancre, et nous demeurames tranquilles toute la nuit ; je dis que nous demeurames tranquilles, car il n'était pas possible de dormir, parce que, quelque tems après, nous aperçumes des animaux d'une grosseur extrême, et de plusieurs sortes, auxquels nous ne savions quel nom donner, qui descendaient vers le rivage, et couraient dans l'eau, où ils se lavaient et se vautraient pour se rafraichir; et ils poussaient des cris si horribles, que de mes jours je n'ouïs rien d'approchant.

Xuri était dans une frayeur terrible, et, à ne point mentir, je n'en étais pas trop exempt. Mais ce fut bien pis, quand nous entendîmes un de ces animaux énormes, qui venait à la nage vers notre bateau. A la vérité nous ne le pouvions pas voir; mais il était aisé de connaître, au bruit de ses naseaux, que ce devait être une bête prodigieusement grosse et furieuse. Xuri disait que c'était un lion, et cela pouvait bien être; et le pauvre garçon me criait de lever notre ancre et de nous enfuir à force de rames. Mais je lui répondis que cela n'était pas nécessaire; qu'il suffirait bien de filer notre cable avec une bouée, de nous écarter en mer, et qu'il ne pourrait nous suivre fort loin. Je n'eus pas plus tôt achevé ces paroles, que j'aperçus cet animal, quel qu'il fût, qui n'était pas à plus de deux toises loin de moi, ce qui m'effraya un peu; mais enfin je courus d'abord à l'entrée de la cabane, où je pris mon fusil, et tirai dessus; sur quoi il se tourna bien vite d'un autre côté; et s'en retourna au rivage en nageant.

Mais il est impossible de donner une juste idée des cris et des hurlemens affreux qui s'élevèrent, tant au bord de la mer que plus avant dans les terres, au bruit et au retentissement de mon coup de fusil; et il y a quelque apparence que ces animaux n'avaient jamais rien entendu de semblable auparavant. Cela me fit voir clairement qu'il n'y avait pas moyen de se hasarder sur cette cote pendant la nuit; il ne me paraissait pas même qu'il y eût aucune sûreté à le faire pendant le jour; car de tomber entre les mains des sauvages ou bien entre les griffes des tigres et des lions, c'est une chose qui nous aurait été également funeste, ou du moins que nous redoutions également.

Quoi qu'il en soit, nous étions obligés de prendre terre quelque part, pour faire de l'eau ; car nous n'en avions pas une pinte de reste. Mais savoir quel tems et quel lieu choisir pour cela, c'était la difficulté. Xuri me dit que, si je le laissais aller à terre avec une jarre, il se faisait fort de découvrir de l'eau, s'il y en avait, et qu'il m'en apporterait. Je lui demandai la raison pourquoi il y voulait aller ; s'il ne valait pas mieux que j'y allasse moi-même, et qu'il restat à bord ? Il me répondit avec tant d'affection que je l'en aimai toujours depuis. *C'est*, dit-il en son langage corrompu *c'est que si les sauvages hommes ils viennent, eux mangent moi, et puissiez sauver vous.* » Eh bien ! répondis-je, eh bien ! mon cher Xuri, » nous irons tous deux ; si les sauvages viennent, » nous les tuerons, et nous ne leur servirons de proie » ni l'un ni l'autre. » Après cela, je lui donnai un morceau de biscuit et lui fis boire un petit reste de liqueur, de celle que me fournissait la caisse de notre patron, dont j'ai parlé. Nous halames le bateau aussi près du rivage que nous le jugeames convenable, et nous descendimes à terre, ne portant avec nous que nos armes, et deux jarres pour puiser de l'eau.

Je n'osais m'écarter du bateau jusqu'à le perdre de vue, de crainte que les sauvages ne descendissent le long de la rivière avec leurs canots ; mais le petit garçon ayant découvert un lieu enfoncé à près d'un mille avant dans les terres, il s'y en alla en trottant. Quelque tems après, je le vis revenir courant de toutes ses forces. La pensée me vint qu'il était poursuivi par quelque sauvage, ou épouvantée par quelque bête féroce : j'accourus à son secours ; mais quand je fus assez proche, je vis quelque chose qui lui pendait à l'épaule : c'était une bête qu'il avait tirée, et qui ressemblait à un lièvre, avec cette différence qu'elle était d'une autre couleur et qu'elle avait les jambes plus longues. Enfin, la viande en était fort bonne, et cet exploit nous causa beaucoup de joie : mais celle qui transportait le pauvre Xuri, venait de ce qu'il avait trouvé de l'eau sans avoir vu de sauvages, et c'était pour m'annoncer cette bonne nouvelle qu'il s'était si empressé.

Nous vîmes ensuite qu'il n'était point nécessaire de nous donner tant de peine pour avoir de l'eau ; car nous trouvames que la marée ne montait que fort peu dans la rivière, et que lorsqu'elle était basse, l'eau était douce un peu au-dessus de l'embouchure ; ainsi nous remplîmes nos jarres, nous nous régalames du lièvre que nous avions tué, et nous nous disposames à reprendre notre route, laissant cette contrée sans y avoir remarqué aucune trace humaine.

Comme j'avais fait un voyage à cette côte auparavant, aussi savais-je bien que les îles Canaries et celles du Cap Vert n'en étaient pas bien éloignées. Mais n'ayant aucun des instrumens propres à prendre la latitude tant de notre situation que de celle des iles, et que d'ailleurs ma mémoire ne me fournissait aucune lumière sur le dernier article, je ne savais où les aller chercher, ni dans quel endroit il me faudrait précisément larguer pour y diriger ma course. Sans tous ces obstacles, j'aurais pu bien aisément gagner qelqu'une de ces iles ; mais mon espérance était qu'en suivant la côte jusqu'à ce que j'arrivasse à cette partie où les Anglais font leur commerce, je rencontrerais quelqu'un de leurs vaisseaux, allant et venant à l'ordinaire, lequel voudrait bien nous recevoir et nous tirer de sa misère.

Autant que j'en puis juger par le calcul que j'ai fait, il fallait que le lieu où nous étions alors fût cette région qui, étant située entre les terres de l'empereur de Maroc d'un coté, et la Nigritie (1) de l'autre, est entièrement déserte et inhabitée, hormis des bêtes féroces. Il y avait autrefois des nègres, qui l'ont abandonnée depuis, et se sont retirés plus avant du coté du sud, de peur des Mores; ceux-ci ne se sont pas souciés d'y demeurer, à cause de sa stérilité; et ce qui pouvait également éloigner les uns et les autres, c'est la quantité prodigieuse de tigres, de lions, de léopards et d'autres animaux furieux qui infestent le pays, en sorte que les Mores n'y vont jamais que pour chasser, et cela au nombre de deux ou trois mille hommes à la fois. En effet, dans l'étendue de près de cent milles, nous ne voyions que de vastes déserts pendant le jour, et nous n'entendions qu'hurler et que rugir pendant la nuit.

Il me sembla plus d'une fois que je voyais de jour le mont Picot de l'île Ténériffe, l'une des Canaries; j'avais grande envie de mettre au large, pour essayer si je ne pourrais pas l'atteindre : c'est ce que je voulus faire par deux fois; mais toujours les vents contraires et la mer trop enflée pour mon petit batiment, me forçaient a rebrousser. Cela me fit résoudre à suivre mon premier dessein, qui était de cotoyer.

Après que nous eûmes quitté cet endroit-là, nous fûmes souvent contraints de prendre terre pour faire de l'eau. Une fois entre autres, qu'il était de bon matin, nous vînmes mouiller sous une petite pointe de terre qui était assez élevée; et comme la marée montait, nous attendions tranquillement qu'elle nous portet plus avant. Xuri, qui avait à ce qu'il parait les yeux plus perçans que moi, m'appela tout bas, et me dit que nous ferions mieux de nous éloigner du rivage; « car, continua-t-il, ne » voyez-vous pas le monstre effroyable qui est

(1) Grand pays d'Afrique.

« étendu, et qui dort sur le flanc de ce monticule? » Je jetai les yeux du coté qu'il montrait du doigt, et véritablement je vis un monstre épouvantable, car c'était un lion d'une grosseur énorme et terrible, couché sur le penchant d'une éminence, et dans une petite enfonçure, qui le mettait à l'ombre. « Xuri, « dis-je alors, allez à terre, et vous le tuerez. » Xuri parut tout effrayé de ce que je lui proposais, et me fit cette réponse : *Moi tuer lui! hélas! lui croquerait moi d'un morceau..* Enfin je ne parlai pas davantage, mais je lui dis de ne point faire de bruit. Nous avions trois fusils, je commençai par prendre le plus grand, qui avait presque un calibre de mousquet; j'y mis une bonne charge de poudre et trois grosses balles, et le posai à côté de moi. J'en prit un autre, que je chargeai à deux balles; et enfin se troisième, dans lequel je fis couler cinq chevretines. Ensuite, reprenant celui qui avait été chargé le premier, je mets du tems à bien mirer, et je vise à la tête de l'animal; mais comme il était couché de manière qu'une de ses pattes lui passait par-dessus le museau, les balles l'atteignirent autour du genou, et lui cassèrent l'os de la jambe. Il se leva d'abord en grondant; mais sentant sa jambe cassée, il retomba, et puis il se releva encore sur les trois jambes, et se mit à rugir d'une force épouvantable. J'étais un peu surpris de ne l'avoir point blessé à la tête; mais enfin je me saisis sur-le-champ du second fusil, et, quoiqu'il commençât à se remuer et à détaler, je lui déchargeai un autre coup qui lui donna dans la tête, et j'eus le plaisir de le voir tomber mort roide, ne faisant que peu de bruit, mais se débattant comme étant aux abois. Alors Xuri prend courage, et demande que je le laisse aller à terre : je le lui permets. Ainsi il se jette dans l'eau sans balancer, tenant un petit fusil d'une main, il nage de l'autre jusqu'au rivage, s'avance tout près de l'animal, et lui appliquant à l'oreille le bout du fusil, lache un troisième coup qui l'acheva.

A la vérité, cette expédition nous donnait du divertissement, mais non pas de quoi manger, et il me fachait bien de perdre trois charges de poudre et de plomb sur une bête qui ne nous serait bonne à rien. Néanmoins, Xuri dit qu'il en voulait tirer quelque chose. Ainsi il vint à bord, et me pria de lui donner la hache. Je lui demandait ce qu'il en voulait faire, il me répondit : *Moi couper sa tête.* Quoi qu'il en soit, cette exécution se trouva au-dessus de ses forces, et il se contenta de lui couper une patte, qu'il apporta, et qui était d'une grosseur monstrueuse.

Je fis pourtant réflexion que sa peau pourrait ne nous pas être tout-à-fait inutile, et cela me fit résoudre à l'ecorcher, si j'en pouvais venir à bout. Ainsi Xuri et moi nous nous mimes après; mais Xuri s'y entendait le mieux de nous deux, et je savais fort peu comment m'y prendre. Cette opération nous occupa toute la journée; mais aussi nous enlevames le cuir, et l'ayant étendu par dessus notre cabane, le soleil le sécha en deux jours. Je m'en servis dans la suite en guise de matelas.

Au partir de la, nous fimes voile vers le sud, durant dix ou douze jours sans discontinuer, épargnant fort nos provisions, qui commençaient à diminuer, et ne prenant terre qu'autant de fois que nous en avions besoin pour aller chercher de l'eau. Mon dessein était de pouvoir parvenir à la hauteur de Gambia, autrement Sénéga; c'est-à-dire aux environs du Cap Vert (1), où j'espérais trouver quelque betiment européen; que si j'étais frustré de cette espérance, je ne savais quelle route prendre, si ce n'é-

(1) Pointe de terre élevée, qui s'avance dans la mer, sur la côte occidentale d'Afrique, et qui est habitée par des nègres.

tait de me mettre en quête des iles, ou bien de me livrer à la merci des nègres. Je savais que tous les vaisseaux qui partent d'Europe pour la Guinée, le Brésil ou les Indes orientales, mouillent a ce cap ou a ces iles; en un mot, je ne voyais dans ma destinée que cette alternative, ou de rencontrer quelque vaisseau, ou de périr.

Quand nous eûmes continué notre course pendant dix jours de plus, comme je l'ai déjà dit, j'aperçus que la côte était habitée; et nous vimes, en deux ou trois endroits, des gens qui se tenaient sur le rivage pour nous voir passer: nous pouvions même voir qu'ils étaient noirs et nus. J'avais envie de débarquer et d'aller à eux; mais Xuri, qui ne me donnait jamais que de sages conseils, m'en dissuada. Néanmoins, je voyai près de terre, afin que je pusse leur parler. En même tems ils se mirent à courir le long du rivage; je remarquai qu'ils n'avaient point d'armes, excepté un d'entre eux, portant à la main un petit baton, que Xuri disait être une lance, et qu'il savait jeter fort loin et avec beaucoup d'adresse. Ainsi je me tins en distance, et leur parlai par signes le mieux que je pus. En ce langage muet, je leur demandai entre autres, quelque chose à manger. Eux me firent entendre d'arrêter mon bateau, et qu'ils m'iraient chercher de la viande. Là-dessus, j'abaissai le haut de ma voile, et nous calames. Cependant il y en eut deux qui coururent un peu loin dans les terres, et qui, en moins d'une demi-heure, furent de retour. Ils apportaient avec eux deux morceaux de viande, et du grain tel que ce pays-là en pouvait produire; mais nous ne savions ni quelle sorte de viande, ni quelle sorte de blé c'était, et toutefois nous étions fort contens de les accepter. Il s'agissait de savoir avec quelle précaution s'en emparer, car je n'étais point d'humeur à les joindre à terre; et de leur côté, ils avaient peur de nous. Ils prirent un bon biais et les uns et pour les autres : c'est qu'ils apportèrent ce qu'ils avaient à nous donner sur le rivage, et l'ayant mis à terre, se retirèrent et se tinrent loin de là, jusqu'à ce que l'étant allés chercher, nous l'emportâmes à bord; après quoi ils revinrent au rivage comme auparavant.

Comme nous n'avions rien à leur donner, notre reconnaissance se borna d'abord à leur faire plusieurs signes pour les remercier ; mais il se présenta sur-le-champ même une occasion favorable de les obliger extrêmement ; car comme nous étions près de terre, où nous avions amené, voici deux animaux qui descendaient des montagnes vers la mer, dont l'un poursuivait l'autre, à ce qu'il paraissait, avec beaucoup de chaleur ; si c'était le mâle qui était après la femelle, et s'ils étaient en amour ou en fureur, c'est ce que nous ne saurions dire ; je ne déciderai pas non plus que ce fût une chose ordinaire, où qu'il y ait de l'extraordinaire ; mais je croirais plutôt le dernier, premièrement parce que ces bêtes voraces paraissent rarement, sinon de nuit, et secondement ces peuples semblaient en être terriblement effrayés, et surtout les femmes. L'homme qui avait une lance ou un dard à la main, ne s'enfuyait pas, mais bien les autres. Néanmoins ces animaux ne firent point mine de se jeter sur les nègres, car ils coururent droite à la mer, se plongèrent dans l'eau, et se mirent à nager çà et là, comme s'ils n'eussent cherché qu'à se jouer. A la fin, l'un deux commença à venir de notre côté, et s'en approchait déjà beaucoup plus que je ne ne m'y attendais d'abord ; mais j'étais tout prêt à le recevoir, car j'avais chargé mon fusil avec toute la diligence possible, et je dis à Xuri de charger les deux autres. Dès qu'il fut à ma portée, je lachai mon coup, et lui donnai droit dans la tête. D'abord il alla au fond de l'eau, mais aussitôt il se releva ; ensuite il se débattit long-tems, s'enfonçant et revenant au-dessus, tour à tour. Aussi était-il aux abois ; car comme il s'efforçait de gagner le rivage, il mourut à mi-chemin, tant à cause de la plaie mortel qu'il avait reçue, que de l'eau qui l'étouffait.

L'étonnement où le feu et le bruit du fusil jetèrent ces pauvre créateures, est au-dessus de tout ce que je puis dire. Quelques-uns faillirent à en mourir de peur, et tombèrent à la renverse; mais quand ils virent que l'animal était mort, qu'il était allé au fond, et que je leur faisais signe de venir au rivage, le cœur leur revint; ils s'approchèrent et se mirent à chercher la bête. L'eau qui était teinte de son sang me la fit découvrir, et par le moyen d'une corde que je lui fis passer autour du corps, et que je leur donnai à haler, ils la tirèrent dehors. Il se trouva que c'était un léopard des plus curieux, parfaitement bien marqueté et d'une beauté admirable. Les nègres ne pouvant pas s'imaginer avec quoi je l'avais pu tuer, levaient les mains vers le ciel pour témoigner leur surprise.

L'autre animal, épouvanté du feu qu'il avait vu, aussi bien que du coup qu'il avait entendu, se dirigea vers le rivage, en nageant, et de là s'enfuit aux montagnes d'où il étaient venus, sans que je pusse discerner à une telle distance ce que c'était. Je vis bien d'abord que les nègres avaient envie d'en manger la chair; ainsi j'étais bien aise de me faire un mérite auprès deux; et quand je leur eut fait connaître par signes qu'ils la pouvaient prendre, ils m'en témoignèrent mille remerciment. Ils se jetèrent dessus sans différer; et quoiqu'ils n'eussent point de couteau, ils ne laissèrent pas de lever la peau avec un morceau de bois pointu, et cela beaucoup plus aisément que nous ne l'aurions pu faire avec un couteau. Ensuite il m'en offrirent ma part, ce que je refusai, leur donnant à entendre que j'étais bien aise de leur en faire un présent, mais que je m'en réservais la peau. Ils me l'envoyèrent de bonne foi, ajoutant à cela une grande quantité de leurs provisions, que j'acceptai, tout inconnues qu'elles m'étaient. Ensuite je leur fis signe pour avoir de l'eau ; et leur montrai une de mes jarres, la tournant sans dessus dessous, pour faire voire qu'elle était vide, et que j'avais besoin qu'on me la remplît. Sur-le-champ, ils appelèrent quelques-uns des leurs, et il vint deux femmes portant ensemble un gros vaisaeau de terre qui paraissait cuite au soleil ; elles le posèrent sur le sable et se retirèrent, comme firent ceux qui nous avaient apporté des provisions auparavant. J'envoyai Xuri à terre avec les trois jarres qu'il remplit. Les femmes étaient toutes nues aussi bien que les hommes.

Je me voyais avec une quantité d'eau suffisante ; j'avais, outre cela, des racines, dont je ne connaissais pas trop la qualité, et du blé tel quel. Avec ces provisions je prends congé des nègres, mes bons amis, je remets à la voile, et continue ma course au sud pendant onze jours ou environ, durant lesquels je ne me mis point en peine d'approcher de terre. Au bout de ce terme, je vis que le continent s'allongeait bien avant dans la mer : c'était justement vis-à-vis de moi, à quatre ou cinq lieues de distance ; il faisait un grand calme, je fis un long détour à largeur, pour pouvoir gagner la pointe : j'en vins à bout, et lorsque je la doublai, j'étais à deux lieues du continent, voyant distinctement d'autres terres à l'opposite. Alors je conclus, ce qui était bien vrai, que j'avais d'un côté le Cap Vert, et de l'autre les îles qui en portent le nom. Je ne savais pourtant pas encore auquel des deux je devais me tourner ; car s'il survenait un vent un peu fort, je pouvais bien manquer l'un et l'autre.

Dans cette perplexité je devins rêveur. Jentrai dans la cabene, laissant à Xuri le soin du gouvernail, et je m'assis. Mais tout à coup ce petit garçon s'écria : *Maître, maître, je vois un vaisseau à la voile* ; et il paraissait si effrayé qu'il ne se possédait pas, assez simple pour s'imaginer que c'était un bâtiment que son maître avait envoyé à notre poursuite, dans le tems que j'étais très-assuré que la distance des lieux ne nous permettait plus de rien craindre de ce côté-là. Je sortis avec précipitation de la cabane, et non-seulement je vis le vaisseau, mais encore je reconnus qu'il était portugais. Je le pris d'abord pour un de ceux qui trafiquent en nègres aux cotes de la Guinée; mais quand j'eus remarqué la route qu'il tenait, je fus bientot convaincu qu'il allait ailleurs, et qu'il n'avait pas dessein de s'approcher de terre davantage. C'est pourquoi je fis force de voiles et de rames pour avancer en haute mer, dans le dessein de leur parler s'il était possible.

Après avoir fait tout ce qui dépendait de moi, je trouvai que je ne pourrais pas aller à leur rencontre, et qu'il me laisseraient derriere avant que je pusse leur donner aucun signal. Mais dans le moment que j'avais épuisé toutes les ressources de mon art pour hater ma course, et que je commençais à pardre espérance, il parût qu'ils m'avaient aperçu avec leurs lunettes d'approche, et que, nous prenant pour le bateau de quelque vaisseau européen qui avait péri, ils mettaient moins de voiles qu'auparavant, pour nous donner le tems de les aller joindre. Cela me donna bon courage, et comme j'avais à bord le pendant de mon patron, je le suspendis en écharpe à nos cordages, pour leur faire entendre par ce signal que nous étions en détresse; et je tirai là-dessus un coup de fusil. Ils remarquèrent fort bien l'un et l'autre, car ils me dirent après qu'ils avaient aperçu la fumée, quoiqu'ils n'eussent point entendue le coup. A ces signaux ils calèrent leurs voiles, et ils eurent l'humanité de s'arrêter pour moi; de sorte qu'en près de trois heures de tems je me rendis près d'eux.

Ils me demandèrent en portugais, en espagnol et en français, qui j'étais; mais je n'entendais aucune de ces langues. A la fin, un matelot écossais, qui était à bord, m'adressa la parole : je lui répondis, et dit que j'étais Anglais de nation, et que je m'étais sauvé de l'esclavage des Mores de Salé. Alors ils m'invitèrent à bord, et m'y reçurent fort généreusement avec tout ce qui m'appartenait.

On peut bien juger que ce fut une joie indicible que celle que je ressentis de me voir ainsi délivré d'une condition aussi misérable et aussi désespérée que l'avait été la mienne. D'abord j'offris tout ce que j'avais au capitaine du vaisseau, pour témoignage de ma reconnaissance; mais il déclara généreusement qu'il ne voulait rien prendre de moi; qu'au contraire tout ce que j'avais me serait dûment délivré au Brésil: « Car, dit-il en m'apostrophant, lorsque je vous ai » sauvé la vie, je n'ai rien fait que ce que je serais » bien aise qu'on me fît à moi-même ; et qui sait si je » ne suis point destiné à être réduit un jour à une sem- » blable condition? Outre qu'après vous avoir mené » dans un pays aussi éloigné du vôtre que le Brésil, » si je venais à vous prendre tout ce que vous avez, » vous y mourriez dans l'indigence, et je ne ferais » autre chose que vous oter la vie que je vous aurais » donnée. Non, non, continua t-il, *Signore In-* » *glese*, c'est-à-dire monsieur l'Anglais, je veux » vous transpporter en ce pays purement par charité; » et ces choses-là vous serviront à acheter de quoi subsister et à faire votre retour. »

Si cet homme parut charitable dans les offres qu'il me fit, il ne se montra pas moins équitable ni moins exacte à les remplir, jusque-là qu'il ne s'en écarte pas d'un seul iota ; car il ordonna à tous les matelots que nul ne fût assez hardi pour toucher à rien de ce qui m'appartenait; ensuite il prit le tout en dépot et m'en donna après un inventaire fidèle, pour que je le pusse recouvrer, sans en exclure mes trois jarres de terre.

Quant à mon bateau, qui était très bon (ce qu'il connaissai bien lui-même), il me proposa de l'acheter de moi pour le faire servir au vaisseau, et me demanda qu'est-ce que j'en voulais avoir: Je lui répondis qu'il avait été si généreux en toutes choses à mon égard, que je ne voulais point apprécier le bateau, mais que je l'en faisais l'arbitre : sur quoi il me dit qu'il me ferait de sa main une obligation de 80 pièces de huit, lesquelles il me paierait au Brésil ; et qu'y étant arrivé, s'il se trouvait quelqu'un qui en offrit davantage, il m'en ferait bon. Outre cela il m'offrit 60 autre pièce de huit, pour mon garçon Xuri ; mais j'avais de la peine à les accepter, non que je ne fusse bien aise de le laisser au capitaine ; mais je ne pouvais me résoudre à vendre la liberté de ce pauvre garçon, qui m'avait assisté si fidèlement au recouvrement de la mienne. Néanmoins après que je lui eus découvert mon scrupule, il m'avoua qu'il le trouvait raisonnable, et me proposa cet expédient : c'est qu'il lui ferait une obligation de sa main, par laquelle il serait tenu de l'affranchir dans dix ans, s'il se voulait faire chrétien. Sur cela, je livrerai Xuri au capitaine; d'autant plus volontiers que celui-là goûtait les propositions de celui-ci.

Nous eûmes une navigation heureuse jusqu'au Brésil, et au bout d'environ vint-deux jours, nous arrivâmes à la baie de tous les Saints. Je me vis alors délivré pour une seconde fois de la plus misérable de toutes les conditions de la vie : ce qui me restait à faire, cétait de considérer comment je disposerais désormais de ma personne.

Je ne saurais trop préconiser la générosité avec laquelle le capitaine me traita. Premièrement il ne voulut rien prendre pour mon passege ; d'ailleurs, il me donna vingt ducats pour la peau du léopard, et quarante pour celle du lion ; il ordonna qu'on me rendît ponctuellement tout ce que j'avais à bord, et acheta tout ce que je voulais bien vendre, comme caisse de bouteilles, deux de mes fusils, un morceau de cire, car j'avais fait des chandelles d'une partie. En un mot, je fis de ma cargaison environ deux cent vingt pièces de huit, Je débarquai au Brésil avec un tel fonds.

Peu de tems après mon débarquement, je fus recommandé par le capitaine à un fort honnête homme, tel qu'il était lui-même, lequel avait ce qu'ils appellent vulgairement un *Ingéino*, c'est-à-dire, une plantation et une manufacture de sucre. Je vécus quelque tems dans sa maison; et par ce moyen, je m'instruisis de la manière de planter et de faire le sucre. Or, voyant combien les planteurs vivaient commodément, et combien vite ils devenaient riches, je résolus, si je pouvais obtenir une licence, de m'y établir et de devenir planteur commes les autres; bien entendu cependant que je rechercherais le moyen de me faire remettre l'argent que j'avais laissé à Londres. A ces fins, je me pourvus d'une espèce de naturalisation, en vertu de quoi je fis marché pour de la terre qui était encore vacante, et dont je mesurai l'étandue à celle de mon argent. Après cela, je formai un plan pour ma plantation et pour mon établissement, proportionnant l'un et l'autre aux fonds que je me proposais de recevoir d'Angleterre.

J'avais un voisin portugais, qui était né à Lisbonne (1), de parens anglais; son nom était *Wells*, et ses affaires étaient à-peu-près dans la même situation que les miennes. Je l'appelle mon voisin, parce que sa plantation touchait la mienne, et que nous vivions fort paisiblement lui et moi. Nous n'avions qu'un petit fonds l'un et l'autre, et ne plantâmes, à proprement parler, que pour notre subsistance durant près de deux ans. Mais au bout de ce terme nous commencâmes à faire du progrès, et notre terre prenait déjà une bonne forme, si bien que la troisième

(1) Grande ville sur le Tage, capitale du Portugal.

année nous plantâmes du tabac, et eûmes chacun une grande pièce de terre toute prête pour y planter des cannes l'année d'après. Mais nous avions besoin d'aide, et je sentais plus vivement que je n'avais encore fait, combien j'avais eu tort de me défaire de mon garçon Xuri.

Mais hélas ! il n'était pas surprenant que j'eusse fait mal, moi qui ne faisais jamais bien : je ne voyais aucun remède à ma peine, que dans la continuation de mon travail : je me donnais à une occupation bien éloignée de mon génie, et toute contraire au genre de vie qui faisait mes délices, pour lequel j'avais abandonné la maison de mon père et méprisé ses bons avis. Qui plus est, j'entrais précieusement dans cette condition mitoyenne de la vie, ou, si vous voulez, le premier étage de la bourgeoisie, que mon père m'avait autrefois recommandé. N'aurai-je pas mieux fait de demeurer chez moi, et de m'épargner la peine de parcourire le monde? Souvent je me tenais à moi-même ce langage : « Je pouvais faire en Angleterre ce que je fais ici, travailler auprès de mes parens et » de mes amis aussi bien que parmi des étrangers et » des sauvages; que me sert-il d'avoir traversé de » vastes mers, d'avoir parcouru mille six cent et tant » de lieues? Était-ce pour venir dans un désert affreux » et si reculé, que je fusse obligé de rompre tout com» merce avec les partie du monde où je suis tant soit » peu connu? »

De cette manière je ne réfléchissais guère sur ma condition que pour m'en affiger. Il n'y avait que ce voisin avec qui je conversais de tems en tems; nul ouvrage ne se pouvait faire que par le travaille de mes mains; et j'avais coutume de dire que je vivais comme un homme qui aurait fait naufrage dans une île déserte, et qui s'en verrait le seul habitant. Mais quand les hommes sont assez injustes pour comparer leur état présent à un autre qui est plus mauvais, n'est-il pas bien juste que la providence les condamne à faire un échange dans la suite, pour les convaincre de leur félicité passé par leur propre expérience? et ne meritais-je pas bien que je fusse un jour ce même homme que je me représentais vivant misérablement dans une île entièrement déserte, puisque j'étais assez injuste pour faire souvent comparaison de lui à moi, dans l'état de vie où je me trouvais alors, et où je n'avais qu'à persévérer pour devenir extrêmement riche et heureux.

J'avais pris en quelque façon toutes les mesures nécessaires pour conduire la plantation, avant le départ du capitaine de vaisseau qui m'avait reçu à son bord en pleine mer, et qui s'était montré mon ami affectionné. Il demeura pendant trois mois, tant à charger son vaisseau qu'à faire les préparatifs de son voyage. Un jour, comme je lui parlais du petit fonds que j'avais laissé à Londres, il me donna ce bon et fidèle avis. « Monsieur l'Anglais, me dit-il, si vous me voulez » donner une lettre adressée à la personne qui a votre » argent à Londres, avec ordre d'envoyer vos effets » à Lisbonne, à telles personnes que je vous indiquerai, et en marchandises convenables à ce pays- » ci, je vous promets, moyennant la grâce de Dieu » de vous en rapporter le produit à mon retour; » mais comme les choses humaines sont toujours su- » jettes à la vicissitude et aux contre-tems, je vous » conseille de ne donner vos ordres que pour cent » livre sterling, que vous dites être la moitié de votre » fonds et de les aventurer pour une première tentative, afin que, si elles arrivent à un bon port, » vous puissiez faire venir le reste par la même voie; » et si vous avez le malheur de les perdre, vous » aurez encore l'autre moitié pour y avoir recours en » cas de besoin. »

Il y avait dans ce conseil tant de sagesse et tant de marques d'amitié en même tems, que je fus d'abord convaincu que je ne pouvais pas mieux faire que de le suivre ; c'est pourquoi je préparai une lettre en forme de déclaration pour la dame à qui j'avais laissé le maniement de mon argent, et une procuration pour le capitaine portugais telle qu'il la désirait.

J'écrivis à cette dame, veuve du capitaine anglais, une relation exacte de mes aventures, de mon esclavage, de ma fuite, la manière dont j'avais rencontré en haute mer le capitaine portugais, sa conduite généreuse à mon égard, l'état où je me trouvais actuellement, avec toutes les instructions nécessaire pour me faire tenir mon argent. Quand cet honnête homme de capitaine fut arrivé à Lisbonne, il trouva moyen, par l'entremise de quelques marchands anglais qui y demeuraient, d'envoyer non-seulement mon ordre, mais encore mon histoire toute entière à un marchand de Londres, qui en fit un rapport fidèle et pathétique à la veuve. Celle-ci, non-contente de délivrer de l'argent, envoya du sien propre un présent de vingt-cinq livres sterling au capitaine portugais, à cause de l'humanité et de la charité qu'il avait exercées à mon égard.

Le marchand de Londres ayant converti ces cent livres sterling en marchandises d'Angleterre, les envoya à Lisbonne, telles qu'elles lui avait été demandées par le capitaine, et celui-ci me les rapporta heureusement au Brésil. Il y avait entre autres toutes sortes d'ouvrages de fer et d'ustensiles nécessaires pour ma plantation, lesquelles choses me furent d'un grand service ; et il les avait comprises parmi les autres, de son chef, sans que je lui eusse donné commission, car j'étais trop peu expérimenté dans le métier pour y avoir pensé.

Je fus transporté de joie lorsque cette cargaison arriva, et je crus ma fortune faite. Le capitaine, qui voulait bien être mon pourvoyeur, et qui en remplissait si dignement les fonctions, avait employé les vingt-cinq livres sterling, dont ma bonne amie lui avait fait présent, à me louer pour le terme de six ans, un serviteur qu'il m'amena; et jamais il ne voulut rien accepter de moi en considération de tant de services, qu'un peu de tabac qui était de mon propre crû.

Autre chose à remarquer, c'est que toutes mes marchandises étant des manufactures d'Angleterre, telles que des draps, des étoffes, des bayers (1), et autres choses extraordinaires estimées et recherchées dans ce pays-là, je trouvai le secret de les vendre à un prix très-haut; en sorte que je puis bien dire qu'après cela j'avais plus de quatre fois la valeur de ma première cargaison, et je me voyais pour lors infiniment plus avancé que mon pauvre voisin, quant au fait de ma plantation; car d'abord je m'achetai un esclave nègre et un serviteur européen; j'entends un autre que celui que le capitaine m'avait amené de Lisbonne.

Mais le mauvais usage que nous faisons de la prospérité, devient souvent la source de nos plus grands malheurs : c'est ce qui se vérifia en moi. L'année suivante j'eus toutes sortes de succès dans ma plantation; je récoltai dans ma propre terre cinquante gros rouleaux de tabac, outre ce dont j'avais disposé parmi mes voisins pour leur nécessaire, et cinquante rouleaux, pesant chacun plus de cent livres, étaient bien conditionnés et tout prêts pour le retour de la flotte de Lisbonne. Alors voyant mes affaires et mes richesses s'accroître également, je commençai à rouler dans ma tête quantité de projets et d'entreprises, qui passaient ma portée, mais qui causent souvent la ruine des personnes les plus capables pour les affaires.

Si j'eusse voulu continuer le genre de vie que je menais alors, je pouvais encore aspirer à tous ces

(1) Sorte d'étoffe bonne à faire des doublures.

grands avantages, en vue desquels mon père m'avait si sérieusement recommandé une vie retirée ; et dont il m'avait donné une idee si sensible dans le portrait ressemblant qu'il me traça de l'état mitoyen. Mais j'étais né pour toute autre chose : je devais derechef travailler de dessein prémédité à me plonger dans la misère ; surtout j'allais augmenter le nombre de mes fautes, et par conséquent fournir une plus ample matière aux reproches que j'aurois le loisir de me faire un jour au milieu de mes revers. Tous ces désastres ne provenaient que de la passion effrénée que j'avais d'errer par le monde, passion favorite à laquelle je lâchois aveuglement la bride, lors même qu'elle était manifestement contraire à mes intérêts les plus chers, qu'elle rompait toutes les mesures de ma bonne fortune, et qu'elle fermait, pour ainsi dire, tous les chemins que la Providence semblait m'ouvrir pour me conduire à mon devoir et à mon bonheur.

C'est précisément la faute que j'avais commise en m'enfuyant de la maison de mon père, et déjà je ne pouvais avoir de repos que je ne tombasse dans une seconde toute semblable ; j'étais tenté de m'en aller, et d'abandonner les espérances que j'avais de devenir un homme riche et d'une expérience consommée dans ma nouvelle plantation, sans que je pusse alléguer pour cela d'autre raison, qu'un désir téméraire et démesuré de m'élever avec plus de rapidité que ne le permettait la nature de la chose. Ainsi je me précipitai pour la seconde fois dans le gouffre de misère le plus profond où l'homme puisse tomber, sans qu'il lui en coûte la santé ou même la vie.

Or, pour procéder par degrés à cette époque particulière de mon histoire, vous devez supposer qu'ayant vecu près de quatre ans dans le Brésil, et commençant à gagner considérablement, et à prospérer dans ma nouvelle plantation, non-seulement j'avais appris le langage du pays, mais qu'outre cela j'avais fait connaissance et lié amitié avec mes compagnons de plantation, comme aussi avec les marchands de San-Salvador (1), qui était notre port de mer; que dans les discours que j'avais tenus avec eux, je leur avais souvent rendu compte de mes deux voyages à la côte de Guinée, de la manière de trafiquer en nègres, et de la facilité avec laquelle on y pouvait changer de la poudre d'or, des graines de Guinée, des dents d'éléphant, et autres choses, et, qui plus est, des nègres en grand nombre; le tout pour des bagatelles, comme des petits lits, de la quincaillerie, des couteaux, des ciseaux, des haches, des pièces de glaces, etc.

On ne manquait jamais d'écouter attentivement ce que je disais sur ce chapitre, mais surtout l'article de l'achat des nègres, dont le trafic non-seulement n'était qu'ébauché, mais, tel qu'il était, avait toujours été dirigé par l'assemblée, ou si vous voulez, une assemblée formée par les rois d'Espagne et de Portugal, et entrait dans les comptes du gouvernement public; en sorte qu'il ne s'amenait que peu de nègres, encore se vendaient-ils à un prix excessif.

Un jour je me trouvai en compagnie avec des marchands et propriétaires de plantations, de ma connaissance, et leur ayant parlé fort sérieusement sur ce sujet, il arriva que trois d'entre eux vinrent me trouver le lendemain au matin, et me dirent qu'ils avaient beaucoup réfléchi sur l'entretien que j'avais eu avec eux le soir précédent, et qu'ils venaient me proposer une chose qui demandait le secret. Je leur promis de le garder; et après ce préléminaire, ils déclarèrent qu'ils avaient envie d'équiper un vaisseau pour la Guinée; qu'ils avaient tous des plantations aussi bien que moi, et que rien ne leur faisait plus de

(1) Capitale du Brésil. Il se fait dans cette ville un commerce considérable.

tort que le besoin extrême où ils étaient d'esclaves, que, comme c'était un commerce qu'on ne pouvait pas continuer, à cause qu'il n'était pas praticable de vendre publiquement les nègres quand ils étaient arrivés, leur dessein n'était que de faire un seul voyage, de débarquer les nègres secrètement, et de les distribuer ensuite dans leurs propres plantations; qu'en un mot il s'agissait de savoir si je voulais aller à bord du vaisseau, en qualité de supercargo ou commis, pour prendre soin de ce qui concernait le négoce sur la côte de Guinée; que dans le partage des nègres j'aurais une portion égale à celle des autres, et que je serais dispensé de contribuer aux frais de cette entreprise.

Il faut avouer que ces propositions étaient fort avantageuses pour tout homme manquant d'établissement, et qui n'aurait pas eu à cultiver une plantation qui lui appartînt en propre, qui eût de très-belles apparences et fût assuré d'un bon fonds. Mais quant à moi, qui m'étais déjà poussé, me voyais si joliment établi, n'avais plus rien à faire qu'à continuer pendant trois ou quatre ans sur le même pied que j'avais commencé, et qu'a faire venir d'Angleterre mes autres cent livres sterling, qui dans ce tems-là, et avec ce petit renfort, n'aurais presque pas pu manquer de devenir riche de trois ou quatre mille livres sterling, sans compter combien une telle somme aurait multiplié dans la suite, que je pensassè. dis-je, à un tel voyage c'était la plus grande folie qu'un homme pût commettre dans de pareilles conjonctures.

Mais comme j'étais né pour être l'artisan de mon propre malheur, il me fut aussi impossible de résister à leur offre, qu'il me l'avait été autrefois de réprimer les désirs extravagans qu'il firent avorter tous les bons conseils de mon père. En un mot, je leur dis que je partirais de tout mon cœur, s'ils voulaient bien se charger du soin de ma plantation pendant mon absence, et en disposer selon que je l'ordonnerais si je venais à périr. C'est ce que tous me promirent, et à quoi ils s'obligèrent par contrat. Je fis donc un testament en forme, par lequel je disposais de ma plantation et de mes effets, en cas de mort, constituant mon héritier universel, le capitaine du vaisseau qui m'avait sauvé la vie, comme j'ai déjà dit ci-dessus, mais l'obligeant à disposer de mes effets suivant cette clause, c'est-à-dire qu'il garderait pour lui la moitié de mes acquisitions, et ferait embarquer l'autre moitié pour l'Angleterre.

Enfin je pris toutes les précautions imaginables pour mettre mes biens en sûreté, et pour pourvoir à l'entretien de ma plantation. Si j'eusse employé seulement une partie de cette prudence à étudier mes véritables intérêts, et à peser ce que je devais faire et ce que je ne devais pas faire, il est certain que je ne me serais pas éloigné un moment d'un établissement aussi avantageux que l'était le mien. Je n'aurais pas cédé tout ce que je devais raisonnablement espérer d'un tel état florissant, et je n'aurais pas entrepris un voyage sur mer, pour y courir les risques ordinaires, sans compter en particulier les infortunes dont j'avais lieu de croire que j'étais personnellement menacé.

Mais on me pressait, et j'aimais mieux suivre les fausses lueurs de ma fantaisie, que les lumières de ma raison. Le vaisseau étant donc équipé, la cargaison embarquée, et toutes choses faites comme nous en étions convenus, mes associés et moi, j'allai à bord, pour mon malheur, le premier septembre mil six cent cinquante-neuf, qui était le même jour auquel je m'étais embarqué à Hull, huit ans auparavant, pour devenir rebelle aux ordres de mes parens, et traître à ma propre cause.

Notre vaisseau était d'environ cent vingt tonneaux; il portait six canons et quatorze hommes, en y comprenant le maître, son garçon et moi. Nous ne l'avions chargé d'autres marchandises que de quincailleries propres pour notre commerce, telles que sont des pièces de glaces, des coquilles, et surtout de petits miroirs, des couteaux, des ciseaux, des haches, et quelques matelats.

Le même jour que j'allai à bord, nous mîmes à la voile, faisant cours au nord le long de la côte, dans le dessein de tourner vers celle d'Afrique, quand on serait parvenu au dix ou douzième degré de latitude septentrionale; ce qui était, comme il parait, la route ordinaire qu'on tenait en ce tems-là. Nous eûmes un fort bon tems tout le long de la côte, à la réserve qu'il faisait excessivement chaud. Quand nous fûmes avancés à la hauteur du cap Saint-Augustin, nous nous éloignâmes en mer, et perdant bientôt la terre de vue, nous mimes le cap de même que si nous eussions voulu aller à l'île de Fernand de Norhona; mais nous la laissâmes, et les autres adjacentes à l'est, continuant notre route vers le nord-est quart au nord, tellement que nous passâmes la ligne, après une navigation d'environ douze jours; et suivant notre dernière estime, nous étions sous le septième degré et douze minutes de latitude septentrionale lorsqu'il s'éleva un violent ouragan, qui nous désorienta entièrement : il commença au sud-est, devint à-peu-près nord-ouest, puis se fixa au nord-est, d'où il se déchaina d'une manière si terrible, que nous ne fimes autre chose pendant douze jours de suite que dériver, forcés d'obéir aux ordres du destin et à la fureur des vents. Je n'ai pas besoin de dire que, durant tout ce tems-là, je m'attendais chaque jour à être enseveli dans les flots; et il n'y avait qui que ce soit sur le vaisseau qui osât se flatter d'en échapper.

Cet orage, outre la frayeur qui en est toujours inséparable, nous coûta encore trois personnes; l'un mourut de la fièvre ardente, et les deux autres, dont l'un était le petit garçon, tombèrent dans la mer. Le vent s'étant un peu abattu sur la fin du douzième jour, le maître fit une estime le mieux qu'il put, et trouva qu'il était aux environs du onzième degré de latitude septentrionale, mais qu'il y avait une différence de vingt-deux degrés de latitude à l'ouest du cap Saint-Augustin, de sorte qu'il avait jeté vers la côte de la Guinén, ou partie septentrionale du Brésil, au-delà de la rivière des Amazones, tirant vers celle d'Orénoque, appelée communément la *grande rivière*. Il commença donc à me consulter, pour savoir quelle route nous prendrions. Le vaisseau avait été fort tourmenté et faisait beaucoup d'eau; ainsi il opinait à la partie orientale, d'où nous étions partis.

J'étais d'un avis tout contraire, et après avoir examiné ensemble une carte marine de l'Amérique, nous conclûmes qu'il n'y avait aucune terre habitée où nous puissions avoir recours, et qui fût plus proche de nous que dans l'enceinte des Caraïbes; c'est pourquoi nous résolumes de faire voile vers la Barbade, où nous espérions qu'en prenant le large, pour éviter le golfe du Mexique, nous pourrions aisément arriver dans quinze jours de tems, au lieu qu'il n'était presque pas possible de faire mon voyage à la côte d'Afrique sans quelque assistance, tant pour le vaisseau que pour nous-mêmes.

Dans ce dessein nous changeames notre course, et nous primes le cap nord-quart à l'ouest, afin de pouvoir atteindre quelqu'une des iles habitées par les Anglais, où j'avais espérance de recevoir du secours. Mais notre voyage était déterminé autrement, car etant dans la latitude du douzième degré et dix-huit minutes, nous fumes accueillis d'une seconde tempête, qui nous emporta avec la même impétuosité que la première vers l'ouest, et nous écarta si loin de tous les lieux où règne le commerce de la société humaine, que, si nous venions à sauver nos vies de la rage des eaux, il y avait beaucoup plus d'apparence que nous serions dévorés par les sauvages plutôt que de pouvoir jamais retourner en notre pays.

Dans cette extrémité le vent souffla toujours avec violence, et le jour commençant à paraître, un de nos gens s'écria : *terre* ! A peine fûmes-nous sortis de la cabane, pour voir ce que c'était, et dans qu'elle région du monde nous nous trouvions, que le vaisseau donna contre un banc de sable ; son mouvement cessa tout-à-coup, les vagues y entrèrent avec tant de précipitation, que nous nous attendions à périr sur l'heure, et nous nous serrions contre les bords du batiment pour nous mettre à couvert des coups et de la fureur des flots.

Il n'est pas aisé de représenter ni même de concevoir la consternation de l'ame en pareil cas, à quicouque ne s'y est jamais trouvé. Nous ne savions ni le climat où nous étions, ni la terre contre laquelle nous avions été poussés ; si c'était île ou continent, si elle était habitée ou déserte. Et comme la fureur des vents, quoiqu'un peu diminuée, était encore fort grande, nous ne pouvions pas seulement espérer que le vaisseau demeurat quelques minutes sans se briser en morceaux, à moins qu'un calme ne survint tout à coup, par une espèce de miracle. En un mot, nous étions immobiles, nous regardant les uns les autres, attendant la mort à chaque moment, et nous préparant pour l'autre monde, d'autant qu'il n'y avait que peu ou rien à faire pour nous en celui-ci. La seule chose qui pouvait encore un peu nous rassurer, c'est que, contre notre espérance, le vaisseau ne fut pas encore brisé, et que le maître disait que le vent commençait à s'abattre.

Mais bien que le tems parût devenir moins chargé, néanmoins, de la manière que le vaisseau avait échoué, et vu qu'il s'était enfoncé trop avant dans le sable pour espérer de l'en dégager, notre situation était véritablement déplorable, et il ne nous restait plus qu'à voir si nous pourrions sauver nos vies. Un peu avant la tempête nous avions un bateau qui suivait notre arrière; mais en premier lieu, il s'y était fait une fente à force de heurter contre notre gouvernail, et ensuite il s'était fracassé, et avait ou coulé à fond ou dérivé ça et là par la mer, en sorte que nous n'avions plus d'espérance de ce cote-là. Nous avions bien encore une chaloupe à bord, mais nous ne savions pas trop comment la mettre en mer, cependant il n'y avait plus de tems à perdre, car nous croyions à tout moment que le vaisseau s'allait dissoudre, et quelques-uns disaient qu'il était déja entamé.

En même tems notre pilote prit la chaloupe; le reste de nos gens se mit à le seconder, et à la fin on la descendit à côté du vaisseau. Nous nous mîmes tous dedans, étant au nombre de onze personnes, nous recommandames nos âmes à la miséricorde divine, et puis abandonnames le restes au courroux des ondes; car quoique l'orage se fut relaché considérablement, toute fois la mer s'élevait à une hauteur épouvantable contre les terres; et pour parler le langage des Holandais, qui la comparent à une bête féroce, lorsqu'elle est irritée, on pouvait bien l'appeler *de wildezee*.

C'est alors que le danger était proche et effroyable; car nous voyions tous clairement que la mer était si enflée que notre chaloupe ne pourrait pas tenir contre et que nous serions infailliblement submergés; dailleurs nous navions point de voiles, et quand même nous en aurions eu, nous n'aurions pas pu nous en servir. Nous nous mîmes à toutes forces pour aller à terre, mais avec un visage consterné comme des gens qui allaient au supplice. En effet, aucun de nous ne pouvait ignorer que la chaloupe viendrait près de la côte, et y essuierait des coups si rudes, qu'elle serait bientot partagée en mille pièces. Quoi qu'il en soit ; nous priames Dieu de tout notre cœur pour le salut de nos ames, mais en même tems le vent nous poussant vers terre, nous travaillions a tour de bras pour le seconder, et pour hater notre perte.

Nous ne savions nuellement de quelle sorte était le rivage, si c'était du roc ou du sable, s'il était élevé ou bas. La seule chose qui aurait pu raisonnablement nous donner quelque petite ombre d'espérance, çaurait été de tomber dans quelque baie, dans quelque golfe, ou dans l'embouchure d'une rivière, d'y entrer par un grand coup du hasard, et de nous mettre à l'abri du vent, ou peu-être encore de trouver une eau calme ; mais il n'y avait aucune apparence à rien de semblable. Bien loin de là, la terre, à mesure que nous approchions, nous paraissait encore plus redoutable que la mer.

Après avoir ramé, ou plutot dérivé l'espace d'une lieue et demie, suivant le compte que nous faisions, une vague sérieuse, semblable a une montagne, s'en vint roulant à notre arrière : c'était nous avertir d'attendre le coup de grace. En effet, elle se porta sur nous avec tant de furie, qu'elle renversa tout d'un coup la chaloupe, et nous séparant les uns des autres aussi bien que du bateau, a peine nous donna-t-elle le tems d'invoquer le nom de Dieu par une seule exclamation, car dans le moment nous fumes tous engloutis.

Il n'y a pas d'expression qui puisse retracer ici la confusion de mes pensées lorsque j'allai au fond de l'eau ; car quoique je nageasse fort bien, je ne pus point cependant me dégager assez pour respirer, jusqu'à ce que la vague m'ayant poussé, ou plutot emporté bien avant vers le rivage, elle se brisa et me laissa presque a sec et à demi-mort, à cause de l'eau que j'avais avalée. Voyant la terre plus proche de moi que je ne l'aurais cru, j'eus assez de présence d'esprit, et l'haleine assez bonne pour me lever sur mes jambes et m'en servir le mieux que je pus, pour tâcher d'avancer du côté de la terre avant qu'une autre vague revînt et me ressaisît. Mais je reconnus bientôt qu'il était impossible d'en venir à bout ; car regardant derrière moi, je vis la mer à mes trousses, mais haute et furieuse comme une ennemie redoutable avec laquelle je ne pouvais aucunement mesurer mes forces. Tout ce que j'avais à faire, c'était de retenir mon haleine, et m'élever si je pouvais au dessus de l'eau. De cette manière je pouvais nager, conserver la liberté de la respiration, et voguer vers le rivage. Ce que je craignais le plus, c'était que ce flot, après m'avoir poussé vers la terre en venant, ne me rejetât ensuite dans la mer en s'en retournant.

Celui qui vint fondre sur moi la seconde fois, me couvrit d'abord d'une masse d'eau de vingt ou trente pieds de hauteur ; je sentais que j'étais entraîné bien loin du côté de la terre, avec une force et une rapidité extrêmes ; en même tems je retenais mon haleine, et je m'aidais encore en nageant de toutes mes forces. Mais j'étais près d'étouffer à force de me contraindre, quand je me sentis monter en haut, et tout-à-coup je me trouvai la tête et les mains hors de l'eau ; ce qui me soulagea sur-le-champ ; et quoique cet intervalle ne durât pas deux secondes, il ne laissa pas de me faire un grand bien, me donna le temps de respirer, et redoubla mon courage ; je fus derechef couvert d'eau, mais non pas si long-tems que je ne pusse tenir bon, et m'apercevant que la mer était brisée, et qu'elle commençait à retourner, je m'élançai en avant tant que je pus, pour ne me laisser point entrainer, et je sentis que je prenais pied. Je demeurai sans rien faire pendant quelques momens, tant pour reprendre ma respiration que pour attendre que les eaux se fussent retirées, et puis je courus vers le rivage avec toute la vitesse dont j'étais capable. Cet effort n'était pas suffisant pour me délivrer de la fureur des ondes qui venaient fondre sur moi de nouveau ; elles m'enlevèrent deux autres fois et me portèrent en avant, comme elles avaient déjà fait, le rivage étant tout uni.

Peu s'en fallut que le dernier de ces deux assauts dont je viens de donner la description, ne me fût fatal ; car la mer m'ayant entraîné comme auparavant, me mit à terre, ou pour mieux dire, me jeta contre un rocher, et cela si rudement, que j'en perdis le sentiment et le pouvoir d'agir pour ma délivrance ; car le coup ayant porté sur mon flanc et sur ma poitrine, m'ôta entièrement la respiration pour un tems, et si la mer fût revenue à la charge sans intermission, j'aurais été indubitablement suffoqué, mais je revins à moi un peu avant son retour, et voyant que j'en allais être enseveli, je résolus de m'attacher à un morceau de roc, et dans cette posture de retenir mon haleine jusqu'à ce que les eaux fussent retirées. Déjà les vagues n'étaient plus si hautes qu'au commencement, parce que la terre était proche, et je ne quittai point prise qu'elles n'eussent passé et repassé par-dessus moi. Après quoi je pris un autre essor, qui m'approcha si fort de terre, que la vague qui vint ensuite me couvrit véritablement, mais elle ne m'enleva pas ; en sorte que je n'eus plus qu'à exercer une seule fois mes jambes pour mettre fin à ma carrière, et prendre terre, où étant arrivé, je montai sur le haut du rivage, et je m'assis sur l'herbe, à l'abri de l'insulte et de la fureur des eaux.

Me voyant ainsi en toute sûreté, je commençai par lever les yeux au ciel, et rendre grâces à Dieu de ce que j'avais sauvé ma vie dans un cas où quelques momens avant elle était désespérée. Je crois que c'est une chose tout-à-fait impossible, que de peindre au vif les transports et l'extase où se trouve l'âme qui se voit sauvée de la sorte, et arrachée, pour ainsi dire, des entrailles du sépulcre. Je ne m'étonne donc plus d'une coutume qu'on a, qui est que, lorsqu'un malfaiteur a la corde au cou, qu'il est lié, qu'il est sur le point de perdre la vie, et que sur ces entrefaites on lui apporte sa grâce, je ne m'étonne pas, dis-je, qu'on lui amène un chirurgien pour lui tirer du sang, en même tems qu'on lui annonce cette nouvelle, de peur que la surprise qu'elle lui causerait ne bannît de son cœur les esprits animaux, et qu'elle ne lui fût funeste, car ;

La surprise qui naît de joie ou de douleur,
Suspend les fonctions de l'esprit et du cœur.

Je me promenais au bord de la mer, levant les yeux vers le ciel, l'esprit absorbé dans la contemplation de ma délivrance, faisant mille gestes et mille figures que je ne saurais rapporter, réfléchissant sur mes caramades, qui tous avaient été noyés, et que j'étais le seul qui me fusse sauvé, car depuis notre naufrage je ne pus jamais voir aucun d'eux, non pas même la moindre trace, excepté trois de leurs chapeaux, un bonnet, et deux souliers dépareillés.

Je tournai les yeux du côté du vaisseau qui avait échoué ; mais la mer était si écumante et si courroucée ; d'ailleurs il était à une distance si grande qu'à peine pouvais-je le voir ; ce que considérant : Grand Dieu ! disais je, comment est-il possible que je sois venu à terre ?

Après avoir soulagé mon esprit par ce qu'il y avait de consolant dans ma condition, je commençai à regarder autour de moi, afin de voir en quelle sorte de lieu j'étais ; par où il me fallait débuter. Je sentis bientôt diminuer mon allégresse, et je trouvai que ma délivrance était d'une affreuse espèce, car j'étais mouillé, et je n'avais point d'habits pour me changer ; j'avais faim, et je n'avais rien à manger ; j'avais soif, et je n'avais rien à boire ; j'étais faible, et je n'avais rien pour me fortifier ; je ne voyais pas même la moindre apparence de quoi que ce fût, sinon de mourir de faim ou d'être dévoré par les bêtes féroces ; et ce qu'il y a de plus affligeant pour moi, c'est que je n'avais aucune arme pour pouvoir chasser et tuer quelques animaux pour ma subsistance, ou pour me défendre contre toute créature qui voudrait m'ôter la vie pour soutenir la sienne ; en un mot, je n'avais rien qu'un couteau, une pipe et un peu de tabac dans une boîte ; c'était là toute ma provision, ce qui jeta mon esprit dans de terribles angoisses ; en sorte que durant quelque tems, je courus çà et là comme un insensé. La nuit approchait, et je commençai à considérer quel serait mon sort si cette terre nourrissait des bêtes dévorantes, sachant bien que ces animaux rodent toutes les nuits pour chercher leur proie.

L'unique remède qui se présentait à tout cela pour le tems présent, c'était de monter sur un certain arbre, dont le branchage était fort épais, semblable à un sapin, mais épineux, qui croissait près de là, et où j'avais résolu de passer toute la nuit, en attendant le genre de mort qu'il me faudrait subir le lendemain ; car jusqu'alors l'arrêt m'en paraissait irrévocable. Je marchai environ un demi-quart de mille loin du rivage, pour voir si je ne trouverais point d'eau douce pour boire ; j'eus le bonheur d'en trouver, ce qui me donna une joie sans pareille. Après avoir bu et m'être mis un peu de tabac dans la bouche pour prévenir la faim, je m'en allai à l'arbre sur lequel je montai et cherchai à me mettre si bien que je ne tombasse pas, si je venais à dormir : j'avais à la main un bâton court, comme un tricot, que j'avais coupé pour me servir de défense : avec cela je pris mon logement. Comme j'étais extrêmement fatigué, je tombai dans un profond sommeil où je goûtai tant de douceur, et réparai tellement mes forces, que je ne pense pas en avoir eu de plus salutaire, ni qu'il y ait beaucoup de gens qui puissent passer une si bonne nuit dans une si méchante conjoncture.

Il faisait grand jour lorsque je m'éveillai : le tems était clair, la tempête dissipée, et la mer n'était plus courroucée ni enflée comme auparavant. Ce qui me surprit extrêmement, ce fut de voir que, par la hauteur de la marée, le vaisseau eût été enlevé pendant la nuit de dessus le banc de sable où il avait été engravé, et qu'il eût dérivé jusque tout près du rocher dont j'ai parlé ci-dessus, où je m'étais si cruellement meurtri en heurtant contre. Il y avait environ un mille de l'endroit où j'étais jusque-là ; et comme le bâtiment paraissait encore reposer sur sa quille, j'aurais bien souhaité d'être à bord, afin d'en tirer du moins pour mon usage quelqu'une des choses les plus nécessaires.

Dès que je fus descendu de l'appartement que je m'étais choisi dans l'arbre, je regardai encore autour de moi, et la première chose que je découvris fut la chaloupe, que le vent et la marée avaient jetée sur la côte à environ deux milles de moi, à main droite. Je marchai le long du rivage, aussi loin que je pus aller jusque-là ; mais je trouvai un bras de mer d'environ un demi-mille de largeur entre moi et la chaloupe, tellement que je m'en retournai sur mes pas laissant la chose cette fois-là, parce que mes désirs étaient bien plus tournés du côté du vaisseau où j'espérais trouver actuellement de quoi fournir à ma subsistance.

Un peu après midi je vis que la mer était fort calme, et la marée si basse, que je pouvais avancer jusqu'à un quart de mille du vaisseau, et ce fut un renouvellement de douleur ; car je voyais clairement que si nous fussions restés à bord, nous aurions été sains et saufs ; je veux dire, que du moins nous serions tous venus heureusement à terre, et je n'aurais pas été si misérable que de me voir comme j'étais alors, dénué de toute consolation et de toute compagnie. Ces réflexions m'arrachèrent des larmes, mais comme elles n'apportaient qu'un faible remède à mes maux, je résolus d'aller au vaisseau si je pouvais. Il faisait une chaleur extrême : je me dépouillai de mes habits et je me jetai dans l'eau. Mais quand je fus arrivé au pied du bâtiment, je trouvai plus de difficulté à monter dessus que je n'en avais encore surmonté; car comme il reposait sur terre, et qu'il était hors de l'eau, d'une grande hauteur, il n'y avait rien à ma portée que je pusse saisir. J'en fis deux fois le tour à la nage; au second tour, j'aperçus ce que je m'étonnais de n'avoir pas vu la première; c'était un bout de corde qui pendait à l'avant, de telle façon, qu'après beaucoup de peine je m'en saisis, et par ce moyen, je grimpai sur le château gaillard. Quand je fus là, je vis que le vaisseau était entr'ouvert, et qu'il y avait beaucoup d'eau à fond de cale; mais qu'étant posé sur le flanc d'un banc, dont le sable était ferme, il portait sa poupe extrêmement haut, et la proue si bas, qu'elle en était presque dans l'eau. De cette manière le pont était tout-à-fait exempt d'eau, et tout ce qu'il renfermait était sec; car vous pouvez bien compter que la première chose que je me mis à faire fut de chercher partout, et de voir ce qui était gaté ou ce qui était bon. Premièrement je trouvai que toutes les provisions du vaisseau étaient sèches, et qu'elles ne se sentaient pas de l'eau. Comme j'étais très-disposé à manger, je m'en allai à la soute, où je remplis mes poches de biscuit, et je me mis à manger à mesure que j'étais à faire d'autres choses, car je n'avais pas de tems à perdre. Je trouvai aussi du *rhum* (1) dans la chambre du capitaine, et j'en bus un bon coup; de quoi j'avais grand besoin pour m'encourager à soutenir la vue des souffrances que j'aurais à essuyer.

---

(1) Liqueur forte avec laquelle on fait du punch.

Comme j'étais extrêmement fatigué,
je tombai dans un profond sommeil.

Il ne m'aurait servi de rien de demeurer les bras croisés, et de perdre le tems à souhaiter ce que je ne pouvais aucunement obtenir. Cette extrémité excita mon application. Nous avions à bord plusieurs vergues, un ou deux mats de perroquet, qui étaient de réserve, et deux ou trois grandes barres de bois : je pris la résolution de les mettre en œuvre, et je lançai hors du bord tout ce qui n'était point trop pesant pour le pouvoir ménager, les ayant séparément attachés à une corde, afin qu'ils ne dérivassent point. Cela fait, je descendis du côté du bâtiment, et les tirant à moi, j'en attachai quatre ensemble par les deux bouts, le mieux qu'il me fut possible, donnant à mon ouvrage la forme d'un radeau ; et aprèsy avoir posé en travers deux ou trois planches fort courtes, je trouvai que je pouvais bien marcher dessus, mais qu'il ne pourrait pas porter une grosse charge, à raison de sa trop grande légèreté. C'est pourquoi je retournai au travail, et avec la scie du charpentier, je partageai une des vergues de beille en trois pièces en longueur, et je les ajoutai à mon radeau après m'être donné beaucoup de peine et de travail. Mais l'espérance de me fournir des choses nécessaires, me servait d'aiguillon pour faire bien au-delà de ce dont j'aurais été capable en toute autre occasion.

Déjà mon radeau était assez fort pour porter un poids raisonnable ; il ne s'agissait plus que de voir de quoi je le chargerais, et comment préserver cette charge de l'insulte des eaux de la mer ; mais je ne m'arrêtai pas beaucoup à cette considération, et d'abord je mis dessus toutes les planches que je pus trouver ; ensuite, après avoir bien considéré ce dont j'avais le plus besoin, je commençai par prendre trois coffres de matelot, que j'avais ouverts en forçant les serrures, et que j'avais ensuite vidés, et puis je les descendis avec une corde sur mon radeau. Dans le premier je mis des provisions, savoir : du pain, du riz, trois fromages de Hollande, cinq pièces de bouc séché, laquelle viande faisait notre principal nourriture, et un petit reste de blé d'Europe, qu'on avait mis à part pour entretenir quelques volailles que nous avions embarquées avec nous, mais qui depuis long-tems avaient été tuées. Il y avait aussi une certaine quantité d'orge et de froment mêlés ensemble, mais, à mon grand regret, je vis que cela avait été mangé et gaté par les rats. Quant à la boisson, je trouvai plusieurs caisses de bouteilles qui étaient à notre maître, dans lesquelles il y avait quelques eaux cordiales, et environ vingt-quatre de rack (1); j'arrangeai ceci séparément, parce qu'il n'était pas besoin, ni même possible de les mettre dans le coffre. Pendant que j'étais occupé à faire ces choses : je m'aperçus que la marée commençait à monter, quoique paisiblement, et j'eus la mortification de voir mon habit, ma veste et ma chemise, que j'avais laissés sur le rivage, flotter et s'en aller au gré de l'eau : pour ce qui est de ma culotte, qui n'était que de toile, et ouverte à l'endroit des genoux, je ne la quittai pas, non plus que mes bas, pour nager jusqu'à bord : quoiqu'il en soit, cet accident me fit aller à la quête des hardes, et je ne fus pas long-tems à fouiller pour voir que je pouvais aisément réparer ma perte avec usure ; mais je me contentai de prendre ce dont je ne pouvais absolument me passer pour le présent, parce qu'il y avait d'autres choses que j'avais beaucoup plus à cœur. De ce nombre étaient des outils pour travailler quand je serais à terre; et après avoir long-tems cherché, je trouvai enfin le coffre du charpentier. Ce fut un trésor pour moi, mais un trésor beaucoup plus précieux que ne l'aurait été pour lors un vaisseau tout chargé d'or : je le descendis, et le posai sur mon radeau tel qu'il était, sans perdre de tems à regarder dedans, car je savais en gros ce qu'il contenait.

---

(1) Espèce d'eau-de-vie propre à faire du punch.

La chose que je désirais le plus après celle-là, c'était des munitions et des armes. Il y avait dans la chambre du capitaine, deux fusils fort bons et deux pistolets; je m'en saisis d'abord, comme aussi de quelques cornets à poudre, d'un petit sac de plomb et de deux veilles epées rouillées. Je savais qu'il y avait quelque part trois barils de poudre, mais j'ignorais en qu'el endroit notre cannonnier les avait serrés. A la fin pourtant je les déterrai, après avoir visité les coins et les recoins. Il y en avait un qui avait été mouillé, les deux autres étaient secs et bons, je les plaçai avec les armes sur mon radeau. Alors je crus m'être muni d'assez de provisions, il ne me restait plus de souci que pour les conduire jusqu'à terre, car je n'avais ni voile, ni rame, ni gouvernail, et la moindre bouffée pouvait submerger ma cargaison toute entière.

Trois choses relevaient mes espérances : en premier lieu, la mer qui était tranquille ; en second, la maré qui montait et portait à terre : et en troisième lieu, le vent qui, tout faible qu''il était, ne laissait pas que d'être favorable. Je trouvai encore deux ou trois rames à moitié rompues et dépendantes de la chaloupe, qui me servirent de renfort, et deux sciers, une besaiguë avec un marteau (outre ce qui était déjà dans le coffre du charpentier), que j'ajoutai à ma cargaison ; après quoi je me mis en mer. Mon radeau vogua très-bien l'espace d'environ un mille ; seulement je m'aperçus qu'il dérivait un peu de l'endroit où j'avais pris terre auparavant : cela me fit juger qu'il y avait un courant d'eau, et par conséquent j'espérais de trouver une baie ou une rivière qui me tiendrait lieu de port pour débarquer ma cargaison.

La chose était comme je me l'était imaginé : je découvris vis-à-vis de moi une petite ouverture de terre, vers laquelle je me sentais entrainer par le cours violent de la maré, aussi je gouvernai mon radeau le mieux que je pus pour lui faire tenir le fil de l'eau ; mais en même tems je faillis à faire un second naufrage, et si un tel malheur me fût arrivé, je crois véritablement qu'il m'aurait donné une atteinte mortelle. Cette côte m'était tout-à-fait inconnue ; aussi je m'en allai toucher sur le sable d'un bout de mon bateau, et comme il flottait de l'autre bout, peu s'en fallait que ma cargaison ne glissât tout de ce côté-là, et qu'elle ne tombât dans l'eau. Je faisais tout mon possible pour retenir les coffres dans leur places en m'appuyant contre ; mais mes forces n'étaient point suffisantes pour dégager le radeau ; je n'osais pas même quitter la posture où j'étais, et soutenant la charge de tous mes efforts, je restai dans cette attitude près dune demi-heure, durant lequel tems le montant me releva peu à peu, et me mit enfin dans un parfait niveau. Quelques momens après, l'eau, qui continuait de croitre, fit flotter mon radeau, que je poussai avec ma rame dans le canal ; et ayant avancé un peu plus haut, je me vis à l'embouchure d'une petite rivière, ayant la terre de chaque côté, et un courant ou flux rapide qui montait. Cependant je cherchais des yeux sur l'un et l'autre bord, une place propre à prendre terre ; car je ne me souciais point d'entrer plus avant dans la rivière, et l'espérance que j'avais de découvrir quelque vaisseau, me détermina à ne point méloiguer de la côte.

Enfin j'aperçus à main droite un petit réduit ; vers lequel je conduisis mon radeau avec beaucoup de peine et de difficulté. Je m'approchai tant que, comme je touchais au fond de l'eau avec ma rame, je pouvais aisément me pousser tout à-fait dedans ; mais en le faisant, je courais une seconde fois le risque de submerger tour mon magasin, car le bord étant d'une pente assez roide et escarpée, je ne pouvais débarquer que dans une place où mon train, lorsqu'il viendrait à toucher, serait si élevé par un bout et enfoncé par l'autre, que je serais en danger de tout perdre. Tout ce que je pus faire, ce fut d'attendre que la marée fût tout-à-fait haute, me servant cependant de ma rame en guisse d'ancre, pour arrêter mon train, et en tenir le flanc appliqué contre le bord ; près d'un morceau de terre plat et unique j'espérais que l'eau couvrirait. Ce moyen me réussit. Mon radeau prenait environ un pied d'eau, et dès que je m'aperçus que j'en avais assez, je le jetai sur cet endroit plat et uni, où je l'amarrai en enfonçant dans la mer mes deux rames rompues, contre le côté, l'une à un bout, l'autre à l'autre bout ; et je demeurai de cette manière jusqu'à ce que la marée se fût abaissée, et qu'elle laissait mon train avec ce qu'il portait à sec et en toute sûreté.

Après cela, la première chose que je fis, ce fut d'aller reconnaitre le pays, et de chercher un lieu propre pour ma demeure, de même que pour serrer mes effets et les mettre en sûreté contre tout accident. J'ignorais encore si ce terrain était dans le continent ou bien dans une île ; s'il était habité ou inhabité, si j'avais quelque chose à craindre des bêtes sauvages ou non. Il n'y avait pas plus d'un mille de la à une montagne très-haute et très-escarpée, qui semblait porter son sommet par-dessus une chaine de plusieurs autres qu'elle avait au nord. Je pris un de mes fusils et un de mes pistolets, avec un cornet de poudre et un petit sac de plomb Armé de la sorte, je m'en allai à la découverte jusqu'au haut de cette montagne, ou étant arrivé après beaucoup de fatigue et de sueur, je vis alors combien serait triste ma destinée ; car je reconnus que j'étais dans une île, entouré partout de la mer, sans pouvoir découvrir d'autres terres que quelques rochers fort éloignés de la, et deux petites îles beaucoup moindres que celles-ci, situées à près de trois lieues a l'ouest.

Je trouvai de plus ; que l'ile où je me voyais réduit était stérile, et j'avais tout lieu de croire qu'il n'y avait point d'habitans, à moins que ce ne fussent des bêtes féroces, je n'en voyais cependant aucune, mais bien quantité d'oiseaux, dont je ne connaissais ni l'espèce ni l'usage que j'en pourrais faire quand je les aurais tués. En revenant de la, je tirai un oiseau fort gros, que je vis posé sur un arbre au bord d'un grand bois : je crois que c'était le premier coup de fusil qui eût été tiré dans ce lieu-la depuis la création du monde. Je ne l'eus pas plus tôt lâché, qu'il s'éleva de tous les endroits du bois un nombre presque infini d'oiseaux de plusieurs sortes, avec un bruit confus, causé par les cris et les piaulemens différens qu'ils faisaient chacun selon leur espèce, qui m'était entièrement étrangère. Quand à l'oiseau que je tuai, je le pris pour une sorte d'épervier, car il en avait la couleur et le bec, mais non pas les éperons ni les serres ; sa chair ne valait rien du tout.

Content de cette découverte, je revins à mon radeau, et me mis à travailler pour le décharger. Ce travail m'occupa le reste du jour, et la nuit étant venue, je ne savais que faire de ma personne, ni quel lieu choisir pour reposer ; car je n'osais dormir à terre, ne sachant si des bêtes féroces ne pourraient pas venir me dévorer, quoique j'aie trouvé dans la suite qu'il n'y avait rien de semblable à craindre.

Néanmoins je me barricadai le mieux que je pus avec les coffres et les planches que j'avais amenés à terre, et je me fis une espèce de hutte, pour me loger cette nuit-là. Pour ce qui est de la nourriture que l'île fournissait, je ne concevais pas encore d'où elle pourrait me venir, si ce n'est que j'avais vu deux ou trois animaux faits comme des lièvres, courir hors du bois où j'avais tué l'oiseau.

Je me figurai alors que je pourrais encore tirer du vaisseau bien des choses qui me seraient utiles, particulièrement des cordages, des voiles, et autres choses qui se pouvaient transporter à terre; je résolus donc de faire un autre voyage à bord, si je pouvais; et comme je n'ignorais pas que la première tourmente qui s'exciteraient briserait sans faute le bâtiment en mille pièces je renonaci à toute autre entreprise jusqu'à ce que j'eusse exécuté celle-ci. Alors je tins conseil (j'entends à part moi), savoir si je retournais avec le même train; mais la chose ne me parut pas praticable: je conclus donc d'aller, comme la première fois, quand la marée serait basse; c'est aussi ce que je fis, avec cette différence seulement que je me dépouillai avant de sortir de ma hutte, ne gardant sur moi qu'une mauvaise chemise, des caleçons, et une paire d'escarpins aux pieds.

Je me rendis au bâtiment, comme j'avais fait la première fois, et j'y préparai un second train. Mais l'expérience du premier m'ayant rendu plus habile, je ne fis pas celui-ci si lourd, ni ne surchargeai point, et je ne laissai pourtant pas d'emporter plusieurs choses qui me furent très-utiles: premièrement je trouvai dans le magasin du charpentier deux ou trois sacs pleins de clous et de pointes, une grande tarière, plus d'une douzaine de haches, une pierre à aiguiser, instrument d'un très-grand usage; je mis à par tout cela, avec plusieurs choses qui dépendaient du cannonier, nommément deux ou trois levier de fer, deux barils de balles, deux mousquets, un autre fusil de chasse, une petite quantité de poudre, un gros sac de dragées et un grand rouleau de plomb; mais ce dernier était si pesant, que je n'eus pas la force de le soulever assez pour le faire passer par-dessus le bord du vaisseau.

Outre ces chauses, j'enlevai tous les habits que je pus trouver, avec une voile du perroquet de misaine, un branle, un matelats et quelques couvartures. Je chargeai tout ce que je viens de détailler sur mon sebond train, et je le conduisis à terre avec un succès qui contribua extrêmement à me consoler dans mes disgrâces.

Tant que je fus éloigné de terre, je craignis qu'à tout le moins mes provisions ne fussent dévorées par les bêtes ; mais quand je retournai je ne trouvai aucune marque d'irruption, sinon qu'il y avait un animal semblable à un chat sauvage, assis sur un des coffres, lequel, quand il me vit approcher, s'enfuit à quelques pas de là, puis s'arrêta tout court : il ne paraissait ni décontenancé ni effrayé, et il me regardait fixement, comme s'il eût eu quelque envie de s'apprivoiser avec moi. Je lui présentai le bout de mon fusil ; mais comme il ne savait pas de quoi il s'agissait, il ne s'en ébranla point, ni ne se mit aucunement en devoir de prendre la fuite : voyant cela, je lui jetai un morceau de biscuit, quoique à dire vrai je n'en fussent pas fort prodigue, car ma provision n'était pas bien grosse ; mais vous remarquerez, s'il vous plait, que ce n'était qu'un petit morceaux ; et je crus ne faire pas grande brèche a mon magasin : quoi qu'il en soit, l'animal ne dédaigna pas le présent que je lui offris : il prit si bien la chose, qu'il me fit connaître, par son air content, qu'il était disposé a en accepter une autre dose, mais je l'en tins quitte, et voyant qu'il ne gagnait rien a attendre une nouvelle libéralité, il prit congé de moi.

Comme c'étaient de grands et de pesans tonneaux que ceux ou notre poudre était renfermée, j'avais été obligé de les défoncer pour l'en tirer petit à petit, et de la charger sur mon train par plusieurs paquets, ce qui avait tiré la chose en longueur ; mais me voyant à terre malgré tout cela avec toute ma cargaison, je commençai à travailler à me faire une petite tente avec la voile que j'avais, et des piquets que je coupai pour cet effet ; et dans cette tente j'apportai tout ce que je savais qui se gâterait à la pluie ou au soleil. Après cela, je me fis un rempart des coffres vides et des tonneaux, que je plaçai les uns sur les autres, tout autour de ma tente, pour la fortifier contre tout assaillant de quelque espèce qu'il pût être.

Cela étant fait, je barricadai la porte de la tente avec des planches en dedans et un coffre vide, dressé sur un bout en dehors; et après avoir posé mes pistolets à mon chevet, couché mon fusil auprès de moi, je me mis au lit pour la première fois, et je dormis fort tranquillement toute la nuit, car j'étais las et accablé, n'ayant dormi que fort peu la nuit d'auparavant, et ayant rudement travaillé tout le jour, soit à aller chercher à bord cet amas de provisions, soit à le débarquer.

Le magasin que j'avais alors de toutes sortes de choses était, je pense, le plus gros qui se serait jamais amassé pour une seule personne; mais je n'étais pas encore content, car je m'imaginais que, tandis que le vaisseau resterait droit sur sa quille, comme il faisait, il était de mon devoir d'en aller tirer tout ce que je pourrais. Ainsi je m'en allais chaque jour à bord pendant la marée basse, et j'en rapportais tantôt une chose, tantôt une autre, mais entre autres, la troisième fois que j'y allai, j'enlevai tout ce que je pus des agrès, les petites cordes, et le fil de carrelet que je trouvai, une pièce de cannevas pour raccommoder les voiles dans l'occasion, et le baril de poudre qui avait été mouillé, et enfin toutes les voiles, depuis la plus grande jusqu'à la plus petite, mais avec cette circonstance que je fus obligé de les couper en plusieurs morceaux, et d'en porter le plus que je pouvais à chaque reprise; car elles ne pouvaient plus servir pour voiles, mais seulement pour simple canevas.

Mais la chose qui me fit le plus de plaisir dans tout mon butin, c'est qu'après avoir fait cinq ou six voyages de la manière que je viens de dire, et quand je croyais qu'il n'y avait plus rien dans le bâtiment qui valût la peine de s'en embarrasser, je trouvai encore un grand morceau de biscuit, trois bons barils de rhum ou d'eau-de-vie, une boîte de cassonade et un muid de fleur de farine très-belle. L'agréable surprise où me jeta cette trouvaille fut d'autant plus grande, que je m'attendais à voir toutes les provisions entièrement gatées par l'eau : je vidai au plus vite le tonneau de buiscuit, j'en fis plusieurs parts et je les enveloppai dans des morceaux de voiles que je taillai précisément pour cela ; et enfin je transportai cette charge à terre avec autant de bonheur que j'avais fait des autres.

Le lendemain je fis un autre voyage, et comme j'avais dépouillé le vaisseau de tout ce qui était transportable et qui se pouvait soulever aisément, je commençai alors à me mettre après les câbles ; je débutai par les plus gros, que je coupai en plusieurs pièces proportionnées à mes forces ; tellement que je les pusse remuer; j'amoncelai deux cables et une hansière, et toute la ferraille que je pus arracher. Ensuite ayant coupé la vergue de beaupré et celle de misaine, pour me faire un grand radeau, je mis dessus cette charge lourde et pesante que je venais de me préparer, et je voguai. Mais ici mon bonheur commença à m'abandonner ; car ce radeau était si pesant et si surchargé, qu'étant entré dans le petit réduit où j'avais débarqué mes autres provisions, et ne pouvant pas les gouverner aussi absolument que j'avais fait les autres, il se renversa, et me jeta dans l'eau avec toute ma cargaison. Quant à moi, le mal n'était pas grand, car j'étais proche de terre ; mais pour ce qui est de ma cargaison, il en fut perdu une bonne partie, surtout du fer, dont je m'étais promis de faire un bon usage : néanmoins la marée devenue basse, je sauvai à terre la plupart des pièces de cable, et quelques-unes de fer, quoiqu'à la vérité avec un travail infini, puisque j'étais obligé pour cela de plonger dans l'eau ; exer-

ce qui me fatigea beaucoup. Après cet exploit je
e manquait point d'aller à bord une fois chaque jour,
d'en apporter tout ce que je pouvais.

Il y avait déjà treize jours que j'étais à terre et que
avais fait onze voyages à bord du vaisseau, durant
temps-là j'en avais enlevé tout ce qu'une personne
ule est capable d'enlever, mais je crois que, si le
ms calme eût continué, j'aurais amené à terre tout
bâtiment, pièce à pièce. Je voulus y retourner la
ouzième fois, comme je m'y préparais, je trouvai
ue le vent commençait à se lever; cela n'empêcha
ourtant pas que je ne m'y rendisse durant la marée
asse; et quoique j'eusse souvent fouillé et refouillé par
oute la chambre du capitaine avec tant d'exactitude;
ue je croyais qu'il n'y avait plus rien à trouver, je
écouvris cependant une armoire avec des tiroirs en
edans, dans l'un desquels je trouvai deux ou trois
soirs, une petite paire de ciseaux et dix ou douze
outeaux, avec autant de fourchettes; dans un autre,
y avait environ trente six livres sterling en espèces,
s unes en monnaie d'Europe, les autres du Brésil,
oitié en or, moitié en argent, et entre autres quel-
ues pièces de huit.

A la vue de cet argent, je souris en moi-même, et
m'échappa tout haut cette apostrophe. « O vanité
des vanités! m'écriai je: métal imposteur, que tu
es d'un vil prix à mes yeux! A quoi es-tu bon?
Non, tu ne vaux pas la peine que je me baisse pour
te ramasser: un seul de ces couteaux est plus esti-
mable que tous les trésors de Crésus (1); je n'ai nul
besoin de toi; demeure donc où tu es, ou plutôt
va-t-en au fond de la mer comme une créature in-
digne de voir le jour. » Après avoir donné un libre
ours à mon imagination, je me ravisai pourtant tout
coup, et prenant cette somme avec les autres usten-

(1) Roi de Lydie, extrêmement riche.

siles que j'avais trouvés dans l'armoire, j'empaquetai le tout dans un morceau de canevas. Je pensai déjà à faire un radeau, quand je m'aperçus que le ciel se couvrait, et qu'il commençait à fraîchir. Au bout d'un quart d'heure un vent fort souffla de la côte, et sur-le-champ me fit faire réflexion que ce serait une idée chimérique de vouloir faire un radeau avec un vent qui éloignait de terre, et que mon plus court parti était de m'en retourner avant que le flux commençât, si je ne voulais pas dire adieu pour toujours à la terre. En conséquence de ce raisonnement, je me mis dans l'eau, et je traversai à la nage la plage qu'il y avait entre le vaisseau et les sables, mais ce ne fut pas sans beaucoup de peine, tant à cause du poids des choses que je portais sur moi, que de l'agitation de la mer, car le vent s'éleva si brusquement, qu'il y eut une tempête avant même que la marée fût haute.

Mais j'étais déjà arrivé chez moi, à l'abri de l'orage, et posté dans ma tente, au centre de mes richesses. Il fit un gros tems toute la nuit; et le matin; quand je voulus regarder en mer, je vis qu'il ne paraissait plus de vaisseau. La surprise où je fus d'abord fit bientôt place à ces réflexions consolantes, savoir, que je n'avais point perdu de tems, que je n'avais épargné ni soin ni peine pour en tirer tout ce qui me pouvait être de quelque utilité, et que, quand même j'aurais eu plus de loisir, à peine y avait-il encore quelque chose que je pusse emporter de toutes celles qui restaient à bord.

Dès-lors je ne pensai plus ni au vaisseau, ni à ce qui m'en pourroit provenir, excepté ce que la mer pourrait jeter de ces débris sur le rivage, comme en effet elle en jeta plusieurs morceaux dans la suite, mais ils ne me servirent pas de grand chose.

Toutes mes pensées ne tendaient plus qu'à me mettre en sûreté contre les sauvages qui pourraient venir, ou bien contre les bêtes féroces, supposé qu'il y en eût dans l'île. Or, il me passait dans l'esprit plusieurs idées différentes concernant la manière de l'exécution et l'espèce d'habitation que je me construirais, ne sachant si je me creuserais une cave, ou si je me dresserais une tente. Pour conclusion, je résolus d'avoir l'un et l'autre, et la description de tout l'édifice ne sera peut-être pas hors de propos.

J'avais d'abord reconnu que la place où j'étais ne serait pas propre pour mon établissement, en premier lieu, parce que le terrain en était bas et marécageux, et j'avais tout sujet de croire qu'il n'était pas sain, en second lieu, parce qu'il n'y avait point d'eau douce près de là, c'est pourquoi je pris le parti de me chercher un emplacement plus convenable.

J'avais plusieurs avantages à consulter dans la situation que je jugeais qui me serait propre, le premier était de jouir de ma santé, et par conséquent d'avoir de l'eau douce dont je viens de parler, le second, d'être à l'abri des ardeurs du soleil, le troisième, de me garentir contre les assauts de tous les animaux dévorans, fussent-ils hommes ou bêtes, et le quatrième d'avoir vue sur la mer, afin que, si la Providence permettait qu'il vint quelque vaisseau à ma portée, je n'omisse rien de ce qui pouvait favoriser ma délivrance, dont l'attente n'était pas encore tout-a-fait bannie de mon cœur.

Comme j'étais occupé a la recherche d'une plaie ainsi conditionnée, je trouvai une petite plaine située au pied d'une colline élevée, dont le front était roide et sans talus de même que le frontispice d'une maison, tellement que rien ne pouvait venir sur moi du haut en bas. Dans la façade de ce rocher, il y avait un endroit creux qui s'enfonçait un peu avant, assez semblable a l'entrée ou a la porte d'une cave, mais il n'y avait en effet aucune caverne, ni aucun chemin qui allât dans le rocher.

C'est sur l'esplanade, justement devant cet enfoncement, que je résolus de planter le piquet. La plaine n'avait pas plus de cent verges de largeur, elle s'étendait environ une fois plus en long, et formait devant mon habitation une espèce de tapis vert, qui se terminait en descendant régulièrement de tous côtes dans les bas lieux vers la mer. Cette situation était au nord-nord-ouest de la colline, tellement qu'elle me mettait tous les jours a l'abri de la chaleur jusqu'a ce que j'eusse le soleil a l'ouest-quart-au sud-ouest, ou environ, qui est a peu près l'heure de son coucher dans ces climats.

Avant que de dresser ma tente, je tirai au-devant de l'enfoncement un demi-cercle, qui prenait environ dix verges dans son demi-diamètre, depuis le rocher a la circonférence, et vingt de diamètre, depuis un bout jusqu'a l'autre.

Dans ce demi-cercle, je plantai deux rangs de fortes palissades, que j'enfonçai dans la terre jusqu'a ce qu'elles fussent fermes comme des piliers, le gros bout sortant de terre de plus de la hauteur de cinq pieds et demi, et pointu par le haut, il n'y avait pas plus de six pouces de distance de l'un a l'autre rang.

Ensuite je pris les pièces de cable que j'avais coupées a bord du vaisseau, et les rangeai les unes sur les autres dans l'entre-deux du double rang jusqu'au haut des palissades, ajoutant d'autres pieux d'environ deux pieds et demi, appuyés contre les premiers, et leur servant d'accoudoirs en dedans du demi-cercle. Cet ouvrage était si fort, qu'il n'y avait ni homme ni bête qui pût le forcer ou passer par-dessus, il me coûta beaucoup de tems et de travail, principalement pour couper les palissades dans les bois, les porter sur la place, et les enfoncer dans la terre.

Je fis, pour entrer dans la place, non pas une porte, mais une petite échelle avec laquelle je passois par-dessus mes fortifications, et quand j'étais dedans j'enlevais et je retirais l'échelle après moi. De cette manière, je me croyais parfaitement défendu et bien fortifié contre tous agresseurs quelconques, par conséquent je dormais en toute sûreté pendant la nuit, ce qu'autrement je n'aurais pu faire, quoiqu'à la vérité la suite du tems fit assez voir qu'il n'était nullement besoin de tant de précautions contre les ennemis que je croyais devoir redouter.

C'est dans ce retranchement, ou, si vous voulez, dans cette forteresse, que je transportai mes provisions, mes munitions, en un mot toutes mes richesses, dont je vous ai donné ci-devant un compte fidèle. Je m'y érigeai une grande tente que je fis double, pour me garentir des pluies qui sont excessives dans cette région pendant certain tems de l'année. Je dressai donc premièrement une tente médiocre, secondement une plus grande par-dessus, et ensuite je couvris le tout d'une toile goudronnée que j'avais sauvée avec les voiles.

Dès-lors, je cessai pour un long tems de coucher dans le lit que j'avais apporté à terre, aimant mieux dormir dans un branle (1) qui était très-bon : c'était celui dont se servait le pilote de notre vaisseau.

Je portai dans ma tente toutes les provisions qui se pouvaient gâter à la pluie, et ayant de la sorte renfermé tous mes biens dans l'enceinte de mon domicile, j'en bouchai l'entrée, que j'avais laissée ouverte jusqu'alors, tellement que je passais et repassais avec une échelle, comme je l'ai écrit ci dessus

Quand j'eus fait cela, je commençai à creuser bien avant dans le roc, et portant la terre et les pierres que j'en tirais à travers ma tente, je les jetai ensuite au pied de la palissade, tellement qu'il en résulta une sorte de terrasse, qui éleva le terrain d'environ un pied et demi en dedans Ainsi je me fis une caverne,

(1) Lit de vaisseau suspendu.

qui était comme le cellier de ma maison, justement derrière ma tente.

Il m'en coûta un long et pénible travail avant que je pusse mettre la dernière main à ces différens ouvrages; c'est ce qui m'oblige à reprendre quelques faits qui occupèrent mon esprit durant ce tems-là. Un jour, lorsque je ne m'étais encore que figuré le plan de ma tente et de ma cave, il arriva qu'un nuage sombre et épais s'étant formé dans l'air, il en tomba un orage de pluie; tout soudain il fit un éclair, et bientôt après un grand coup de tonnerre, ce qui en est l'effet naturel. Je ne fus pas tant frappé de l'éclair que je le fus d'une pensée qui passa dans mon âme avec la promptitude de ce météore. » Ah! dis-je en » moi-même, que deviendra ma poudre? sans elle, » avec quoi me défendrai-je? comment pourvoirai-je » à ma nourriture sans elle? « Enfin j'étais plus mort que vif, lorsque je fis réflexion que toute ma poudre pouvait sauter en un instant; et il s'en fallut bien que j'eusse autant de souci concernant ma propre personne, quoique, à la vérité, si la poudre eût pris feu, je n'aurais jamais su d'où partait le coup fatal.

Cela fit tant d'impression sur mon esprit, que, quand l'orage fut passé, je suspendis mes fortifications et mes travaux, pour me mettre à faire des sacs et des boîtes à resserrer ma poudre, afin qu'après en avoir fait plusieurs paquets dispersés çà et là, l'un ne fît pas prendre feu à l'autre, et que je ne pusse pas la perdre tout-à-la-fois. Je mis bien quinze jours à finir cet ouvrage, et je crois que ma poudre, dont la quantité montait à environ cent quarante livres, ne fut pas divisée en moins de cent paquets. Quant au baril qui avait été mouillé, je n'en appréhendais aucun accident; ainsi je le plaçai dans ma nouvelle caverne, que j'eus la fantaisie d'appeler ma cuisine; et pour le reste, je le cachai dans des trous de rochers, que j'eus grand soin de remarquer, et où il était exempt d'humidité.

Durant le tems que je mis à faire ceci, je ne laissais passer aucun jour sans aller dehors au moins une fois, soit pour me divertir, soit pour tâcher de tuer quelque chose à manger, ou encore pour reconnaître, autant que je pourrais, ce que l'île produisait. La première fois que je sortis, je reconnus bientôt qu'il y avait des boucs, ce qui me causa beaucoup de joie : mais cette joie fut tempérée par une circonstance affligeante pour moi; c'est que ces animaux étaient si sauvages, si rusés et si légers à la course, qu'il n'y avait rien au monde de plus difficile que de les approcher. Cette difficulté ne me découragea pourtant pas, ne doutant nullement que je n'en pusse tirer de tems en tems, comme il arriva en effet bientôt après; car lorsque j'eus remarqué leurs allées et leurs venues, voici comment je m'y pris. J'observai que lorsque j'étais dans les vallées et que je les voyais sur les rochers, ils prenaient d'abord l'épouvante, et s'enfuyaient tous avec une vitesse extrême; mais s'ils étaient à paître dans les vallées et que je fusse sur les rochers, ils ne remuaient pas, ni ne prenaient pas seulement garde à moi. De là je conclus que, par la position de leur optique, ils avaient la vue tellement tournée en bas, qu'ils ne voyaient pas aisément les objets qui étaient élevés au-dessus d'eux; ce qui fut cause que dans la suite je pris la méthode de commencer ma chasse pour monter toujours sur les rochers, afin d'être plus haut placé qu'eux; et alors j'en tirai souvent à plaisir. Du premier coup que je tirai sur ces animaux, je tuai une chèvre qui avait auprès d'elle un petit chevreau encore tettant, dont je fus véritablement mortifié. Quand la mère fut tombée, le petit resta ferme auprès d'elle, jusqu'à ce que j'allasse la ramasser; je la chargeai ensuite sur mes épaules, et tandis que je l'emportais, le petit me suivit jusqu'à mon clos; là, je mis bas la vieille; puis prenant le jeune entre mes bras, je le portai par-dessus la palissade, dans l'espérance de l'apprivoiser; mais il ne voulut point manger, ce qui m'obligea à le tuer et à le manger moi-même. Cette chasse me nourrit pendant long-tems; car je vivais avec épargne et ménageais mes provisions, mais sur-tout mon pain, autant qu'il était possible.

Voyant que j'avais fixé mon habitation, je trouvai qu'il était absolument nécessaire de me faire un endroit et des provisions pour du feu. Mais ce que je fis à cette fin-là, la manière dont j'élargis ma caverne, les aisances et commodités que j'y ajoutai, c'est ce que je dirai amplement en son lieu. Il faut maintenant que je rende quelque compte de ce qui me regarde personnellement, et des pensées qui agitaient diversement mon esprit, comme on peut bien croire, au sujet d'un genre de vie si étrange.

Ma condition se présentait à mes yeux sous une image terrible; car, comme je n'avais fait naufrage contre cette île qu'après avoir dérivé par une violente tempête, après avoir été à quelques centaines de lieues loin de la course ordinaire du commerce des hommes, j'avais grande raison d'attribuer cet événement à un arrêt particulier de la justice divine, qui me condamnait à terminer une triste vie dans un si triste séjour. Tandis que j'étais à faire ces réflexions, un torrent de larmes ruisselait le long de mes joues, quelquefois aussi je me plaignais à moi-même de ce que la Providence procurait ainsi la ruine entière de sa créature, et qu'elle pût tellement retirer son secours, appesantir sa main, et l'accabler enfin si entièrement, qu'à peine la raison voulait-elle qu'une telle vie méritât aucune reconnaissance.

Mais ces pensées étaient toujours contre-balancées par d'autres qui leur succédaient, et qui faisaient voir que j'avais tort. Un jour entre autres, me promenant le long de la mer, ayant mon fusil sous le bras, j'étais fort pensif au sujet de ma condition présente, quand la raison, qui sait le pour et le contre, vint répliquer aux murmures qui m'étaient échappés. « Eh » bien, disais-je tout bas, je suis dans une misérable » condition, il est vrai; mais où sont mes compa» gnons? N'étions-nous pas onze dans le bateau? » où sont les dix autres? D'où vient qu'ils n'ont pas » été sauvés et moi perdu? Pourquoi ai-je été le » seul épargné? Lequel vaut mieux d'être ici ou d'ê» tre là (en même tems je montrais la mer avec le » doigt)? Ne faut-il pas considérer les choses du » bon et du mauvais coté? Et les biens dont nous » jouissons ne doivent-ils pas nous consoler des » maux qui nous affligent? »

Ensuite je considérais combien j'étais avantageusement pourvu pour ma subsistance, quel serait mon sort s'il ne fût pas arrivé, par un coup qui n'arrivera pas une fois sur cent, que le vaisseau flottât du banc où il avait premièrement donné, pour dériver tellement vers la terre, que j'eusse le tems d'en tirer tout ce que j'avais par-devers moi. Qu'aurais-je fait si j'avais été obligé de demeurer dans la même condition dans laquelle j'avais abordé à l'île, sans les choses nécessaires pour me procurer les besoins de la vie? « Que deviendrais-je? m'écriai-je tout haut dans ce » soliloque, que deviendrais je sans mon fusil, par » exemple, sans munitions pour aller à la chasse, » sans outils, pour travailler, sans habits pour me » couvrir, sans lit pour reposer, sans tente pour » habiter? » Je jouissais alors de ces choses, j'en étais fourni d'une quantité suffisante, et j'avais en main le moyen de me pourvoir d'une manière à me passer un jour de mon fusil, quand une fois mes munitions seraient consommées; tellement que j'aurais, selon toutes les apparences, de quoi subsister tout le tems de ma vie; car j'avais prévu, dès le commencement, comment je pourrais remédier à tous les accidens qui m'arriveraient; non-seulement en cas que mes munitions vinssent à manquer, mais encore quand ma santé serait ruiné, ou mes forces épuisées.

J'avoue cependant qu'il ne m'était pas encore venu dans l'esprit que je pouvais perdre mes munitions tout d'un coup, j'entends que ma poudre pouvait sauter en l'air par le feu du ciel; et c'est pour cela que cette idée seule me consternait si fort toutes les fois que l'éclair ou le tonnerre la rappelaient, comme je l'ai dit plus haut.

A présent donc que je dois exposer sur la scène la représentation d'une vie solitaire, d'une vie telle qu'on n'a peut-être jamais ouï parler de rien de semblable en ce monde, je remonterai jusqu'au commencement, et je la continuerai par ordre. C'était le trentième de septembre que je mis pied à terre pour la première fois, et de la façon que j'ai raconté ci-dessus, dans cette île affreuse, dans le tems que le soleil étant dans l'équinoxe d'automne, dardait presque perpendiculairement ses rayons sur ma tête; car je comptais, suivant mon estime faite, être dans la latitude de neuf degrés et vingt-deux minutes au nord de la ligne.

Quand j'eus demeuré là dix ou douze jours, il me vint dans l'esprit que je perdrais ma supputation de tems faute de cahiers, de plumes, d'encre, et que je ne pourrais plus distinguer les dimanches des jours ouvriers, si je n'y trouvais remède. Pour prévenir cette confusion, j'érigeai près du rivage, à l'endroit où j'avais pris terre la première fois, un grand poteau carré et croisé avec cette inscription : JE SUIS VENU DANS CETTE ILE LE 30 SEPTEMBRE 1659. Sur les cotés de ce poteau, je marquais chaque jour un cran; tous les sept jours j'en marquais un doublement grand; et tous les premiers du mois, un autre qui surpassait doublement celui du septième jour; et de cette manière je tenais mon calendrier, ou mon calcul de semaines, de mois et d'années.

Il faut observer que dans ce grand nombre de choses

que je tirai du vaisseau dans les différens voyages que j'y fis, et que j'ai déjà rapportés, il s'en trouva beaucoup de moins considérables, à la vérité, que celles que j'ai insérées, mais qui pour cela ne m'étaient point d'un moindre usage; comme, par exemple, des plumes, de l'encre et du papier; plusieurs pièces que je trouvai dans les cabanes du capitaine, du pilote et du charpentier, trois ou quatre compas, des instrumens de mathématiques, des cadrans, des lunettes d'approche, des cartes et des livres de navigation, toutes lesquelles choses je mis pêle-mêle, sans me donner le tems d'examiner ce qui pourrait me servir ou non. Je trouvai aussi trois bibles fort bonnes, que j'avais reçues avec ma cargaison d'Angleterre, et que j'avais pris soin de mettre parmi mes hardes lorsque je partis du Brésil, outre cela quelques livres portugais, et entre autres deux ou trois livres de prières à l'usage des catholiques romains, et plusieurs autres, que j'eus grand soin de serrer. Il ne faut pas non plus oublier que nous avions dans le vaisseau deux chats et un chien, dont l'histoire fameuse pourra bien trouver quelque place, et donner du relief à celle-ci. J'emportai les deux chats avec moi, et pour le chien, il sauta de lui même du vaisseau dans la mer, et vint me trouver à terre le lendemain que j'y eus amené ma première cargaison. Pendant plusieurs années, il fit auprès de moi les fonctions d'un serviteur et d'un camarade fidèles. Il ne me laissait jamais manquer de ce qu'il était capable d'aller chercher, il employait toutes les souplesses de l'instinct pour me faire bonne compagnie; il n'y a qu'une seule chose que j'aurais fort désiré, mais dont je ne pus point venir à bout, c'était de le faire parler. J'ai déjà observé que j'avais trouvé des plumes, de l'encre et du papier; je ferai voir que je tins un compte exact de toutes choses aussi long-tems que dura mon encre; mais quand elle fut finie, la chose ne fut plus possible, parce que je ne pus trouver aucun moyen d'en faire de nouvelle, ou rien autre pour y suppléer.

Cela me fait songer que, nonobstant ce gros magasin que j'avais amassé, il me manquait encore quantité de choses; de ce nombre était premièrement l'encre, comme je viens de dire; ensuite une bêche, une pioche, et une pelle pour fouir et pour transporter la terre; des aiguilles, des épingles et du fil: pour ce qui est de la toile, j'appris en peu de tems à m'en passer sans beaucoup de peine.

Ce défaut d'outils était cause que je n'allais que lentement dans tout ce que je faisais; et il se passa près d'un an tout entier avant que j'eusse entièrement achevé ma petite palissade ou mon enclos; les pieux dont elle était formé pesant si fort, que c'était tout ce que je pouvais faire de les soulever. Il me fallait tant de tems pour les couper dans les bois, pour les façonner, et surtout pour les conduire jusqu'à ma demeure, qu'un seul me coûtait quelquefois deux jours, tant pour le couper que pour le transporter, et un troisième pour l'enfoncer dans la terre. Pour ce dernier travail, je me servais au commencement d'une grosse pièce de bois; dans la suite je m'imaginai qu'il serait plus commode de me servir d'un levier de fer; c'est ce qu'il me fut facile de trouver, et que j'employai en effet; mais, malgré ce secours, je ne laissai pas de trouver que c'était un rude et long exercice que celui d'enfoncer les pallissades.

Mais je n'avais pas sujet de me rebuter de la longueur d'un ouvrage quel qu'il fût; je ne devais aucunement être avare de tems, et je ne sache pas à quoi je l'aurais pu employer, si cet ouvrage eût été terminé, à moins que d'aller faire la visite de l'île pour chercher de la nourriture; et c'est aussi ce que je faisais tous les jours.

Je commençai alors à considérer sérieusement ma

condition, et à peser les circonstances dont elle était accompagnée. Je couchai par écrit l'état de mes affaires, non pas tant pour le laisser à mes successeurs (car il n'y avait pas d'apparence que j'eusse beaucoup d'héritiers), que pour divertir de mon esprit les pensées différentes qui venaient en foule l'accabler tous les jours. La force de ma raison commencait à se rendre maîtresse de l'abattement de mon cœur, et pour la seconder de tous mes efforts, je fis un état des biens et des maux qui m'environnaient, comparant les uns aux autres, afin de me convaincre qu'il y avait des gens encore plus malheureux que moi. Je conduisis cet examen avec toute l'impartialité d'un homme qui voudrait faire un calcul fidèle de ce qu'il a déboursé et de ce qu'il a reçu.

LE MAL.

Je suis dans une île affreuse contre laquelle j'ai fait naufrage, et sans aucune espérance d'en sortir.

LE BIEN.

Mais je suis en vie, et je nai pas été noyé comme l'on été tous las autres qui étaient avec moi sur le vaisseau.

LE MAL.

J'ai été décimé, et séparé en quelque manière du reste du monde, pour être misérable.

LE BIEN.

Mais jai été séparé du reste de l'équipage pour être soustrait aux bras de la mort; et celui qui m'a délivré de la mort peut aussi me délivier de cette condition.

LE MAL

Je suis dans une solitude horrible, et banni de toute société humaine.

LE BIEN.

Mais je ne souffre pas la famine, ni ne suis pas en danger de périr dans un lieu stérile, et qui ne produise rien pour la nourriture.

LE MAL.

Je n'ai point d'habits pour me couvrir.

LE BIEN.

Mais je suis dans un climat chaud, où je ne pourrais point porter d'habits, quand même j'en aurais.

LE MAL.

Je suis sans défense, et je ne pourrais pas résister à la violence des hommes ou des bêtes.

LE BIEN.

Mais j'ai été jeté dans une île où je ne vois aucune bête sauvage capable de me faire du mal, comme j'en ai vu sur la côte d'Afrique : et quel serait mon sort si j'avais échoué sur cette côte ?

LE MAL.

Je n'ai pas une seule personne avec qui parler, ni dont je puisse attendre le moindre secours.

LE BIEN.

Mais la providence, par une espèce de miracle, a envoyé le vaisseau assez près de terre pour que j'y puisse aller chercher quantité de choses qui non seulement me font subsister présentement, mais qui me mettent encore en état de pourvoir à mes besoins pour un long avenir, et même pour tout le tems de ma vie.

Enfin, le tout bien et dûment considéré, il en résultait une conséquence dont la vérité est incontestable : c'est qu'il n'y a pas de condition si misérable dans la vie où il n'y ait quelque chose de positif ou de négatif, qui doit être regardé comme une faveur reçue de la providence, et l'expérience d'un état le plus affreux où l'homme puisse être réduit en ce monde, fournit à tous cette belle leçon, qu'il est toujours en notre pouvoir de trouver quelque sujet de consolation, qui dans l'examen des bien et des maux, fasse pencher la balance du bon côté.

J'accoutumais déjà un peu mon esprit à supporter ma condition ; j'avais quitté l'habitude de regarder en mer pour voir si je ne découvrirais aucun vaisseau, et cessant de perdre mon tems en choses vaines et souvent chagrinantes, je voulus désormais l'employer tout entier à m'accommoder, et à me procurer tous les adoucissemens possibles dans ce genre de vie.

J'ai déjà décrit mon habitation, que j'avais placée au pied d'un rocher, et qui était une tente entourée d'un double rang de fortes palissades fourrées de câbles. Mais je pourrais bien maintenant donner à ma cloison le nom de muraille, car je l'avais effectivement murée en dehors d'un renfort de gazon de deux pieds d'épaisseur, et au bout d'un an et demi ou environ, j'ajoutai des cheverons qui, prenant du haut de la palissade, appuyaient contre le rocher, et que je garnis et entrelaçai de branches d'arbres, et autres matériaux que je pus trouver, pour me garantir des pluies qui, en certains tems de l'année, me paraissaient être bien violentes.

J'ai aussi raconté comment j'avais renfermé mes effets, tant dans cet enclos que dans la cave qui était derrière moi ; mais il faut encore observer que tout cela n'était dans le commencement qu'un tas confus de meubles et d'outils, qui, faute d'être bien arrangés, tenaient toute la place, de sorte qu'il ne m'en restait pas pour me remuer. C'est pourquoi je me mis à élargir ma caverne et à travailler sous terre ; car le rocher était large et graveleux, et cédait assez facilement au travail que j'y faisais. Ainsi me voyant suffisamment en sûreté du côté des bêtes féroces, j'avançai mes traveaux dans le roc, à main droite, et ensuite tournant encore une seconde fois à droite, je parvins à me faire jour à travers, pour pouvoir sortir par une porte qui fût indépendante de ma palissade ou de mes fortifications.

Cet ouvrage ne me fournissait pas seulement une espèce de porte de derrière à ma tente et à mon magasin pour y avoir une entrée et une sortie, mais encore il me donnait de l'espace pour ranger mes meubles. C'est alors que je m'appliquai à fabriquer ceux qui m'étaient les plus nécessaires, et je commençai par une chaise et une table; sans ces deux commodités, je ne pouvais pas bien jouir du peu de douceur qui me restait encore dans la vie; je ne pouvais pas écrire, par exemple, si à mon aise, ni manger avec tant de satisfaction sans une table.

Je mis donc la main à l'œuvre, et je ne puis m'empêcher de remarquer que la raison est le principe et l'origine des mathématiques; aussi n'y a-t-il point d'homme qui, à force de mesurer chaque chose en particulier, et d'en juger selon les règles de la raison, ne puisse avec le tems se rendre maître dans un art mécanique. Je n'avais manié de mes jours aucune outil, et cependant, par mon travail, par mon application, par mon industrie, je trouvai à la fin qu'il n'y avait aucune des choses qui me manquaient que je n'eusse pu faire, si j'avais eu les outils propres pour cela: sans outils même je fis plusieurs ouvrages et avec le secours d'un hache et d'un rabot seulement, je vins à bout de quelques-uns, ce qui n'était peut être jamais arrivé auparavant: mais c'est aussi ce qui me coûta un travail infini Si, par exemple, je voulais avoir une planche, je n'avais d'autre moyen que celui de couper un arbre, le poser devans moi, le tailler des deux côtés jusqu'à le rendre suffisamment mince, et l'aplanir ensuite avec mon rabot. Il est bien vrai que, par cette méthode, je ne pouvais faire qu'une planche d'un arbre entier; mais à cela non plus qu'au tems et à la peine prodigieuse que je mettais à la faire, il n'y avait autre remède que la patience. D'ailleurs, mon tems ou mon travail était si peux précieux, qu'autant valait-il que je l'employasse d'une manière que de l'autre.

Néanmoins je me fis une chaise et une table, comme je l'ai dit. C'est par-là que je commençai, et je me servis pour cela des morceaux de planche que j'avais amenés sur mon radeau. Mais quand j'eus fait des planches, je fis de grandes tablettes de la largeur d'un pied et demi, que je plaçai l'une audessus de l'autre tout le long d'un côté de ma caverne, pour y mettre mes outils, mes cloux, ma feraille, en un mot, pour arranger séparément toutes choses, et les pouvoir trouver aisément. J'enfonçai pareillement des chevilles dans la muraille du rocher pour pendre mes fusils et autres meuble qui pouvaient être suspendus; tellement que, qui aurait vu ma caverne, l'aurait prise pour un magasin général de toutes les chosee nécessaires. Le bon ordre qui y régnait faisait d'abord trouver sous ma main ce que je cherchais; et cela, joint à la bonne quantité dont j'étais pourvu, me causait beaucoup de satisfaction.

C'est pour lors que je commençai à tenir un journal de tout ce que je faisais; car il est certain que dans les commencemens j'étais trop accablé, non pas de travail, mais des troubles de l'esprit, pour faire un journal supportable, et qui ne fût pas rempli de choses fades et insipides. Par exemple, voici comme j'aurais débuté: Le 30 septembre, je vomis d'abord à cause de la quantité d'eau salée que j'avais avalée; et ayant un peu recouvré mes esprits, je ne rendis point grâces à Dieu de ma délivrance, comme j'aurais dû faire; mais je me mis à courir çà et là comme un perdu, tantôt serrant les mains l'une contre l'autre, tantôt me frappant la tête et le visage; en même tems je faisais de terribles lamentations sur mon malheur, et je m'écriais tout haut : *Je suis perdu, hélas ! je suis perdu* ! Ce manége dura jusqu'avce que m'étant bien tourmementé et épuisé, je fus obligé de m'étendre et de me coucher à terre pour me reposer, mais ja n'osais pas dormir, crainte d'être dévoré.

Quelques jours après ceci, que j'avais été à bord du vaisseau, et que j'en avais tiré tout ce que j'avais pu, il me prit encore envie de monter sur le sommet d'une petite montague, et là, de regarder en mer, dans l'espérance de découvrir quelque voile. Il me sembla que j'en voyais une ; je me berçai de cette espérance, et après avoir regardé si long-tems et si fixement que je n'en pouvais plus voir l'objets s'évanouit, et moi je m'assis à terre pour pleurer comme un enfant, et de la sorte augmenter ma misère par ma sottisse. Mais enfin ayant surmonté en quelque façon toutes ces faiblesses, me voyant établi dans mon domicile, pourvu de meubles, avec une chaise et une table de surcroît, le tout aussi bien conditionné que j'avais pu, je continuai autant que dura mon encre.

Or, ce début vous parait sans doute assez fastidieux et je ne doute pas que vous ne préfériez celui-ci ; mais l'exactitude m'obligera à vous répéter plusieurs particularités dont je vous ai déjà parlé.

JOURNAL.

Le 30 *septembre de l'an* 1659. Après avoir fait naufrage durant une horrible tempête qui depuis plusieurs jours emportait le bâtiment hors de sa route, moi, malheureux *Robinson Crusoé*, seul échappé de tout l'équipage, que je vis périr devant mes yeux, étant plus mort que vif, je pris terre dans cette île infortuné, ce qui fut cause que jai cru pouvoir, à juste titre, l'appeler l'*Ile de Désespoir*.

Je passai tout le reste du jour à m'affliger de l'état affreux où j'étais réduit, n'ayant ni alimens, ni retraite, ni habits, ni armes, dénué de toute espérance de recevoir du secours, m'attendant à être la proie des bêtes féroces, la victime des sauvages, ou le martyr de la faim; ne voyant, en un mot devant moi que l'image de la mort. A l'approche de la nuit je montai sur un arbre de peur des animaux sauvages, de quelque espèce qu'ils pussent être; mais la pluie qu'il fit toute la nuit ne m'empêcha pas de dormir d'un profond sommeil.

Le *premier octobre*. Je fus surpris de voir le matin que le vaisseau avait flotté avec le montant, et qu'il avait été porté beaucoup plus près du rivage qu'il n'était auparavant. D'un côté, c'était un sujet de consolation pour moi de le voir dressé sur sa quille et tout entier; j'espérais que si le vent venait à s'abattre, je pourrais aller à bord et y trouver de quoi manger, et en tirer plusieurs choses pour fournir tant aux nécssités qu'aux commodités de la vie; d'un autre côté, ce pectacle renouvelait la douleur de la perte de mos camarades; je m'imaginais que si nous fusions demeurés à bord, nous aurions pu sauver le vaisseau, ou du moins une bonne partie de ceux qui le montaient, et qui avaient été noyés, et que nous aurions peut-être construit un bateau des débris pour nous transporter en quelque autre région. Une partie de cette journée se passa à me tourmenter par mille réflexions; mais enfin, voyant que le vaisseau était presque à sec, je marchai sur le sable aussi loin que je pus, et je me mis à la nage pour aller à bord. Il continua de pleuvoir pendant ce jour; mais il ne faisait point de vent.

Depuis le premier octobre jusqu'au 24. Tous ces jours furent employés à faire plusieurs voyages pour tirer du vaisseau ce que je pouvais, et que je conduisais ensuite à terre sur des radeaux avec la marée montante. Il plut encore beaucoup pendant tout ce tems, quoiqu'avec plusieurs intervalles de beau tems; mais, à ce qui paraît, c'était la saison des pluies.

Le 24. Je renversai mon radeau et tous les effets qui étaient dessus ; mais comme ce n'était pas un lieu profond, et que la charge était de choses pesantes pour la plupart, j'en recouvrai une grande partie dans la basse marée.

Le 25. La pluie dura toute la nuit et tout le jour, accompagnée de tourbillons de vent qui s'élevaient de tems en tems avec violence, et qui mirent le vaisseau en pièces, tellement qu'il n'en paraissait plus rien que les débris ; encore n'était-ce que sur la fin du reflux. Je m'occupai cette journée à serrer les effets que j'avois sauvés, de crainte qu'ils ne se gâtassent à la pluie.

Le 26 *octobre*. Je me promenai presque pendant tout le jour, cherchant une place propre à fixer mon habitation, ayant fort à cœur de me mettre en sûreté contre les attaques nocturnes des hommes cruels ou des bêtes sauvages. Vers la nuit je plantai le piquet dans un endroit convenable, au pied d'un rocher, et je tirai un demi-cercle pour marquer les limites de mon campement, que je me résolus de fortifier d'un ouvrage composé de deux rangs de palissades, dont l'entre-deux était comblé de câbles et le dehors de gazons.

Depuis le 26 jusqu'au 30. Je travaillai fort et ferme à porter mes effets dans mon habitation nouvelle, quoiqu'il plût excessivement durant une partie de ce tems-là.

Le 31 *au matin*. Je sortis avec mon fusil pour aller par l'île à la découverte et à la chasse. Je tuai une chèvre, dont le chevreau me suivit jusques chez moi : mais comme il ne voulait point manger, je fus obligé de le tuer pareillement.

Le *premier novembre*. Je dressai ma tente au pied d'un rocher ; je la fis aussi spacieuse que je pus, la soutenant sur des piquets que je plantai, et auxquels je suspendis mon branle. J'y couchai pour la première nuit.

Le 2 novembre. Je plaçai tous mes coffres, toutes les planches et toutes les pièces de bois dont j'avais composé mes radeaux, autour de moi, et je m'en fis un rempart, tant soit peu en dedans du cerle que j'avais marqué pour ma forteresse.

Le 3. Je sortis avec mon fusil, et je tuai deux oiseaux semblabes à des canards, et qui étaient un très-bon manger. L'après-dinée je me mis à travailler pour me faire une table.

Le 4 au matin. Je continuai une règle que je me fis une loi d'observer désormais chaque jour : c'était d'avoir mon tems pour travailler, pour m'aller promener avec mon fusil, pour dormir, et pour mes petits divertissemens; j'ordonnai la chose de la manière qui suit : Le matin j'allais dehors avec mon fusil pour deux ou trois heures, s'il ne pleuvait pas; ensuite je m'emploiait à travailler jusqu'à environ onze heures, et après cela je mangeais ce que la Providence et mon industrie m'avaient préparé. A midi je me couchais pour dormir jusqu'à deux heures, parce qu'il faisait extrêmement chaud à cette heure-là; et enfin je retournais au travail sur le soir. Je mis le travail tout entier de cette journée et de la suivante à faire une table; car je n'étais alors qu'un pauvre ouvrier, quoique dans la suite le tems et la necessité me rendirent bientot parfaitement expert dans la mécanique; et c'est mon sentiment que tout homme qui se serait trouvé en ma place, ne serait pas devenu moins habile sous ces deux grands maitres.

Le 5 novembre. J'allai dehors avec mon fusil et mon chien, et je tuai un chat sauvage : la peau en était douce, mais la chair ne valait rien du tout à manger. J'écorchais tous les animaux que je tuais, et je conservais la peau. En m'en revenant le long de la cote, je vis plusieurs oiseaux de mer qui m'étaient inconnus; mais je fus surpris, et presque effrayé à la vue de deux ou trois veaux marins, qui pendant que j'étais à les considérer, ne sachant pas encore ce que c'était, se jetèrent dans la mer, et m'échappèrent pour lors.

Le 6 Après ma promenade du matin, je me mis à travailler à ma table, et je la finis : il est vrai que je ne la trouvai pas faite à ma fantaisie, mais aussi je ne fus pas long-tems à en corriger les défauts.

Le 7. Le tems commença à se mettre au beau. Je ne travaillai à autre chose qu'à me faire une chaise durant les 7e, 8e, 9e, 10e, et une partie du 12e. Je ne parle pas du 11e, parce que c'était le dimanche, suivant mon calendrier. J'eus bien de la peine à donner à cet ouvrage une forme reconnaissable ; encore ne m'agréait-il point du tout, quoique je l'euse mis en pièces plusieurs fois avant d'y mettre la dernière main. Notez que dans peu je n'égligeai l'observation du dimanche, parce qu'ayant omis de graver le cran qui le désignait, j'oubliai lordre des jours.

Le 13 *novembre*. Il fit une pluie qui me rafraichit extrêmement, et qui fit un grand bien à la terre ; mais le tonnerre et les éclairs dont elle était accompagnée, me causèrent des frayeurs terribles au sujet de ma poudre. Dès que ce fracas fut passé, je pris la résolution de partager ma provision de poudre en tout autant de petits paquets que j'en pourrais faire, pour la mettre en sûreté.

Le 14, *le* 15, *le* 16. J'employai ces trois jours à faire des petites boites carrées qui pouvaient tenir une livre de poudre ou deux tout au plus ; et après les avoir remplies, je les plaçai dans plusieurs endroits différens, les assurant et les éloignant les unes des autres autant qu'il était possible. Je tuai, en l'un de ces trois jours, un oiseau qui était bon à manger ; mais je ne sais comment l'appeler.

Le 17. Je commençai à creuser le rocher qui était derrière ma tente, pour me mettre plus au large et plus à mon aise. Notez qu'il me manquait trois choses fort nécessaires pour cet ouvrage, savoir : une pioche une pelle et une brouette ou bien un panier ; c'est pourquoi je discontinuai mon travail. Je me mis à ruminer comment je ferais pour suppléer à ce défaut, et pour me fabriquer des outils. Pour ce qui est de la pioche, je remédiais à son manquement avec les leviers de fer, qui étaient assez propres pour cela, quoiqu'un peu pesans : mais quant à la pelle, qui était la seconde chose qui me manquait, elle m'était d'un besoin si absolu, que sans cela je ne pouvais effectivement rien faire ; et pourtant je ne savais pas encore de quel stratagème user pour y pourvoir.

Le 18 *novembre*. Le lendemain, en cherchant dans les bois, je trouvai une espèce d'arbre qui, s'il n'était pas le même que les Bresiliens appelent l'arbre de fer à cause de son excessive dureté, lui ressemblait beaucoup. J'en coupai une pièce avec beaucoup de difficulté, après avoir endommagé une hache ; et ce ne fut pas à moins de frais que je la portai jusqu'au lieu de mon domicile, car elle etait aussi extremement pesaute.

La dureté excessive du bois, jointe à la manière dont j'étais obligé de m'y prendre, fut cause que je mis un long tems à construire ma machine. Mais enfin petit à petit je lui donnai la forme d'une pelle ou d'une bêche ; elle avait la queue exactement comme celle dont on se sert en Angleterre ; mais comme le plat n'en était par garni de fer tout autour, elle ne pouvait pas tant durer ; cependant elle ne laissa pas de souffire aux usages auxquels j'avais dessein de la faire servir : au reste, je ne pense pas qu'on ait jamais employé ni de tels moyens, ni taut de tems à faire une pelle.

Il me manquait encore une autre chose, qui était un panier, ou bien une brouette. Je ne pouvais en aucune manière faire un panier, n'y ayant pas, ou ne sachant du moins pas qu'il y eût dans l'île ni saule, ni osier, ni telle autre arbre dont les branches fussent propres à faire ces sortes d'ouvrages. Pour ce qui est de la brouette, il me semblait que j'en viendrais bien à bout, excepté pourtant la roue, dont je n'avais aucune notion, et pour la fabrication de laqu'elle je ne me sentais pas le moindre talent, d'ailleurs je navais rien pour forger l'essieu de fer qui doit passer dans le moyeu, ainsi je fus obligé de me désister de ce dernier moyen ; et pour porter hors de ma caverne la terre que j'abattais en bêchant, je me servis d'un instrument assez semblable à loiseau dont se servent les manœuvres pour porter le mortier.

La façon de ce dernier instrument ne me coûta pas tant de peine que celle de la pelle ; mais l'un et l'autre, joints à l'essai inutile que je fis pour voir si je pourrais venir à bout d'une brouette, ne me tinrent pourtant pas moins de quatre jours tout entiers, excepté ma promenade du matin, que je manquais aussi rarement de faire avec mon fusil, qu'à en revenir sans apporter au logis quelque chose de bon à manger.

Le 23 novembre. Mon autre travail ayant été interrompu jusqu'ici, à cause que je m'étais occupé à faire des outils, je le repris dès qu'ils furent achevés, travaillant chaque jour autant que mes forces et les règles que je m'étais prescrites pour la distribution de mon tems me le permettaient. Je mis dix-huit jours à élargir et à allonger tellement ma caverne, que je puis y serrer commodément tous mes effets.

Notez que j'en fis un lieu assez spacieux pour me servir de magasin, de cuisine, de salle à manger et de cellier : pour l'appartement où je logeais, c'était ma tente, si vous en exceptez certains jours de la mauvaise saison, auxquels il pleuvait si terriblement que je n'y étais pas bien à couvert. Et c'est ce qui m'obligea dans la suite à tendre, surtout cet espace qui renfermait ma palissade, de longues perches en guise de chevrons, accoudées contre le roc, et de les couvrir de glaïeuls et de larges feuilles, ce qui ressemblait assez à du chaume.

Le 10 *décembre*. Je regardais déjà ma voûte comme achevée, lorsqu'il se détacha tout à coup une grande quantité de terre du haut de l'un des côtés, laquelle fit un tel fracas, que j'en fus extrêmement effrayé, et ce n'était pas sans raison ; car si je me fusse trouvé dessous, je n'aurais de mes jours eu besoin d'un autre enterrement. J'eus beau à faire pour réparer ce désastre ; car il me fallait premièrement emporter la terre qui était tombée, et ensuite, ce qui était plus important, il fallait étançonner la voûte, pour prévenir un accident pareil.

Le 11. Je travaillait à cela, et je dressai deux étais qui portaient contre le faite avec deux morceaux de planche en croix sur chacun. Je finis cet ouvrage le lendemain ; et non content de ce que j'avais fait, je continuai pendant près d'une semaine d'ajouter d'autres étais semblables aux premiers, qui assurèrent tout-à-fait ma voûte, et qui, formant un rang de piliers, semblaient partager ma maison en deux appartemens.

Le 17 Dès ce jour jusqu'au vingtième, je m'occupai à placer des tablettes et à planter des cloux contre les étançons pour suspendre tout ce qui pouvait être suspendu : et dès lors je pus me vanter qu'il y avait de l'ordre et de l'arrangement dans ma demeure.

Le 20 *décembre*. Je commençai à porter mes meubles dans ma caverne, à garnir ma maison et à faire une table de cuisine pour apprêter mes viandes ; je me servis de planches pour cet effet ; mais cette marchandise commençait à devenir rare.

Le 24. Il plut beaucoup tout le jour et toute la nuit; il n'y eut pas moyen de sortir.

Le 25. Il plut encore tout le jour,

Le 26. Il ne fit point de pluie, et l'air et la terre

ayant été rafraichis, semblaient donner à la nature un visage serein qu'elle n'avait pas auparavant.

Le 27. Je tuai un chevrau, et j'en estropiai un autre que j'attrapai après, et que j'emmenai en lesse au logis. Dès que je fus arrivé, je raccommodai sa jambe cassée et la lui bandai. J'en pris un tel soin, qu'il survécut, et devint bientôt aussi fort de cette jambe-là que de l'autre : après l'avoir gardé long-tems il s'apprivoisa avec moi, et il paissait sur la verdure qui était dans mon enclos, sans jamais s'enfuir. C'est alors que me vint la première pensée d'entretenir des animaux privés, afin d'avoir de quoi me nourrir, quand une fois ma poudre et mon plomb seraient consommés.

Le 28, *le* 29 *et le* 30 *décembre*. Il fit de grandes chaleurs qui n'étaient modérés par aucun vent ; il n'était pas possible d'aller dehors, si non sur le soir ; que j'allais chercher de quoi manger.

Le 1er. *janvier* 1660. Il fit encore grand chaud ; mais je sortis du grand matin, et vers le soir, avec mon fusil. Cette dernière fois, m'étant avancé dans les vallées qui sont à peu près au centre de l'île, je vis qu'il y avait grande abondance de boucs ; mais ils étaient extrêmement sauvages et de difficile accès ; et je résolus d'essayer une fois d'amener mon chien, pour voir s'il ne pourrait point les chasser vers moi.

Le 2. Je me mis en campagne avec mon chien, selon que j'avais projeté la veille, et je le mis après les boucs ; mais je vis que je m'étais trompé dans mon calcul ; car ils se joignirent de tous cotés, faisant tête contre lui ; et il fut assez prudent pour connaître le danger, et ne vouloir pas en approcher.

Le 3. Je commençai mes fortifications ; ou si vous voulez, mon mur, et comme j'avais toujours quelque soupçon d'être attaqué, je n'oubliai rien pour rendre l'ouvrage bien épais et bien fort.

Remarquez que, comme je vous ai déjà fait la description de cette muraille, j'omets expressément ici ce qui en était écrit dans le journal. Il suffit seulement d'observer que je n'employai pas moins de tems que depuis le 3 de janvier jusqu'au 14 avril à la faire et à la rendre complète, quoiqu'elle n'eût pas plus de vingt-quatre verges d'étendue, formant un demi-cercle, qui prenait depuis un endroit du roc, et aboutissait à un autre, et qui occupait environ huit verges dans son diamètre, à le tirer de l'entrée de ma cave jusqu'au point opposé de la circonférence.

Je me fatiguai beaucoup dans cet intervalle de tems, durant le quel je me vis traversé par la pluie, je ne dirai pas plusieurs jours, mais quelquefois des semaines entières et des mois. Il est vrai que je ne me croyais point en sûreté, jusqu'à ce que cette muraille fût finie, et il est aussi difficile de croire que d'exprimer avec quel travail j'étais obligé de faire chaque chose, mais surtout d'apporter les palissades de la forêt, et de les enfoncer dans la terre, car je les avais fait beaucoup plus grosses qu'il ne fallait.

Quand cette muraille fut finie, et que je l'eus revêtue d'une autre que j'élevai en dehors avec du gazon je me persuadai que, quand même il viendrait quelque gens aborder à cette île, ils ne s'apercevraient pas qu'il y eut là une habitation. Et je fus bien heureux de m'y être pris de la sorte, comme je le ferai voir dans la suite dans une occasion fort remarquable.

Cependant je faisais tous les jours ma tournée dans les bois, pour tirer quelque gibier, à moins que la pluie ne m'en empêchât, et dans ces promenades réitérées, je faisais souvent des découvertes qui m'étaient avantageuses, tantôt d'une chose, tantôt d'une autre.

Je trouvai, par exemple, une espèce de pigeons fuyards qui ne nichent point sur les arbres, comme font les ramiers, mais bien dans les trous de rochers, à la manière de ceux de colombier. Je pris quelques-uns de leurs petits, à dessein de les nourrir et de les apprivoiser. J'en vins à bout ; mais étant devenus vieux ils s'envolèrent tous et ne revinrent plus, et peut-être que ce qui donna premièrement lieu à cela, fut le défaut de nourriture, car je n'avais pas de quoi leur remplir le jabot. Quoi qu'il en soit, je trouvais leurs nids aisément, et je prenais leurs petits, qui étaient des morceaux délicats.

Cependant je m'apercevais, dans l'administration de mon ménage, qu'il me manquait bien des choses, que je crus au commencement qu'il me serait impossible de faire ; et cela était en effet vrai de quelques-unes. Par exemple, je ne pus jamais venir à bout d'achever un tonneau, et d'y mettre les cercles : j'avais un ou deux petits barils, comme je l'ai dit plus haut ; mais je n'eus point assez de capacité pour en construire un modèle, malgré tous les efforts que je fis pour cela pendant plusieurs semaines, il me fut impossible de mettre les fonds, ou de joindre assez les douves ensemble pour y faire tenir l'eau ; ainsi j'abandonnai encore ce projet.

Une autre chose qui me manquait, c'était de la chandelle, et il m'était très incommode de m'en passer, parce que je me voyais obligé d'aller au lit dès qu'il faisait nuit : ce qui arrivait ordinairement à sept heures. Cela me fit souvenir de la masse de cire dont je fis des chandelles dans mon aventure d'Afrique ; mais je n'en avais pas alors un seul petit morceau. L'unique remède dont je pus m'aviser pour tempérer ce mal, fut que quand j'avais tué un bouc, j'en conservais la graisse ; ensuite je fis sécher au soleil un petit plat de terre que je m'étais façonné ; et prenant du fil carrelet pour me servir de mèche, je trouvai le moyen de me faire une lampe, dont la flamme n'était point si lumineuse que celle de la chandelle, et répandait une sombre lueur. Au milieu de tous mes travaux, il m'arriva que, fouillant parmi mes meubles, je trouvai un sac, dont j'ai fait quelque mention, et qui avait été rempli de grains pour entretenir de la volaille, non pas pour ce voyage, mais pour un précédent, qui était comme je pense, celui de Lisbonne au Brésil: ce qui restait de blé avait été rongé par les rats, et je n'y voyais plus rien du tout que des cosses et de la poussière. Or, comme j'avais besoin du sac pour autre chose (et c'était, si je me trompe, pour y mettre de de la poudre, lorsque je la partageai de crainte des éclairs), je l'allai vider, et en secouer les cosses et les restes au pied du rocher, à côté de mes fortifications.

Cela arriva peu avant les grandes pluies dont je viens de parler; et je fis si peu d'attention à ce que je faisais, lorsque je jetai dehors cette poussière, qu'après un mois de tems ou environ, il ne m'en restait pas le moindre souvenir, lorsque j'aperçus par-ci par-là quelques tiges qui sortaient de la terre: je les pris d'abord pour des plantes que je ne connaissais point.

Mais quelque tems après je fus étonné de voir dix ou douze épis qui avaient poussé, et qui étaient d'une orge verte parfaitement bonne, et de la même espèce que celle d'Europe, et qui plus est, aussi belle qu'il en croisse en Angleterre.

Il est impossible d'exprimer quel fut mon étonnement, et la diversité des pensées qui me vinrent dans l'esprit à cette occasion. Jusqu'ici la religion n'avait pas eu plus de part dans ma conduite, que de place dans mon cœur; je n'avais regardé tout ce qui m'était arrivé que comme un effet du hasard; c'est tout au plus s'il m'échappait quelquefois de dire à la légère comme font naturellement bien des gens, que Dieu était le maître, sans songer aux fins que se propose la Providence, ou à l'ordre qu'elle observe à régler en ce bas monde les événemens. Mais après que j'eus vu croître de l'orge dans un climat que je savais n'être naturellement propre pour le blé, dans le tems surtout que j'ignorais la cause de cette production, je fus saisi d'étonnement, et je me mis dans l'esprit que Dieu avait fait croître ce blé miraculeusement, sans le concours d'aucune semence, et qu'il avait opéré ce prodige uniquement pour me faire subsister dans ce misérable désert.

Cette idée toucha mon cœur jusqu'a faire couler les larmes de mes yeux; je me félicitais d'être assez heureux pour que la nature voûlut bien farie de tels efforts en ma faveur, et ma surprise augmenta encore lorsque je vis d'autres tiges nouvelles qui poussaient auprès des premières tout le long du rocher, et que je reconnus être des tiges de riz, parce que j'en avais vu croître en Afrique, dans le tems que j'y étais à terre.

Non-seulement je crus que la Providence m'envoyait ce présent; mais ne doutant point que sa libéralité ne s'étendit encore plus loin, je m'en allai visiter tout le voisinage, et tous les coins des rochers qui m'étaient déjà suffisamment connus, pour chercher une plus grande quantité de ces productions miraculeuses; mais c'est ce que je ne trouvai point. Enfin je rappelai dans ma mémoire que j'avais secoué en tel endroit un sac où il y avait eu du grain pour les poulets: le miracle disparut. J'avoue que ma pieuse reconnaissance envers Dieu s'évanouit aussitôt que j'eus découvert qu'il n'y avait rien que de naturel dans cet événement. Cependant il était extraordinaire et imprévu, et n'exigeait pas moins de gratitude, que s'il eût été miraculeux: car que la Providence eût dirigé les choses de manière qu'il restât douze grains entiers dans un petit sac abandonné aux rats, tous les autres grains ayant été mangés; que je les eusse jetés précisément dans un endroit ou l'ombre d'un grand rocher les fit germer d'abord, et que je n'eusse pas vidé le sac dans un lieu où ils auraient aussitôt été brûlés par le soleil, ou bien noyés par la pluie, c'était une faveur aussi réelle que s'ils fussent tombés du ciel.

Je ne manquai pas, comme vous pouvez vous imaginer, de recueillir soigneusement ce blé dans la saison, qui était à la fin du mois de juin, et serrant jusqu'au moindre grain, je résolus de le semer en entier, dans l'espérance qu'avec le tems j'en aurais assez pour faire mon pain. Quatre ans se passèrent avant que j'en pusse tâter, encore en usais-je sobrement, comme je le ferai voir en son lieu; car celui que je semai la première fois, fut presque tout perdu, pour avoir mal pris mon tems, en le semant justement dans la saison sèche, ce qui fut cause qu'il périt, ou du moins il n'en vint que très-peu à perfection: mais nous parlerons de cela en sa place.

Outre cette orge, il y eut encore une trentaine d'épis de riz, que je conservai avec le même soin, et pour un semblable usage, avec cette différence pourtant, que le dernier me servait tantôt de pain et tantôt de mets; car j'avais trouvé le secret de l'apprêter sans le mettre en pate. Mais il est tems de reprendre notre journal.

Je travaillai bien constamment pendant trois ou quatre mois à batir ma muraille, et la fermai le 14 d'avril, m'en ménageant l'entrée avec une échelle pour passer par-desses, en non par une porte, de peur qu'on remarquat de loin mon habitation.

Le 16 *avril*. Je finis mon échelle, avec laquelle je montai sur mes palissades; ensuite je l'enlevai et la mis à terre en dedans de l'enclos, qui était tel qu'il me fallait; car il y avait un espace suffisant, et rien n'y pouvait entrer qu'en passant par-dessus la muraille

Dès le lendemain que cet ouvrage fut achévé, je faillis à voir renverser subitement tous mes travaux, et à perdre moi-même la vie: voici comment la chose se passa. Comme je m'occupais derrière ma tente, je fus tout à coup épouvanté de voir que la terre s'éboulait du haut de ma voûte, et de la cime du rocher qui pendait sur ma tête; deux piliers que j'avais placés dans ma caverne, craquèrent horriblement, et n'en sachant point encore la véritable cause, je crus qu'il n'y avait rien de nouveau, mais qu'il pourrait bien tomber une bonne quantité de matériaux, comme il était déjà arrivé une fois. De peur d'être enterré dessous, je m'enfuis au plus vîte vers mon échelle, et ne m'y croyant pas encore en sûreté, je passai par-dessus ma muraille, pour m'éloigner et pour me dérober a des morceaux entiers du rocher, que je croyais a tout moment de voir fondre sur moi. A peine avais-je le pied a terre, de l'autre coté de ma palissade, que je vis clairement qu'il y avait un tremblement de terre horrible. Trois fois le terrain où j'étais trembla sous mes pieds; entre chaque reprise il y eut un intervalle d'environ huit minutes, et les trois secousses furent si prodigieuses, que les édifices les plus solides et les plus forts qui soient sur la face de la terre, en auraient été renversés. Tout le coté d'un rocher, situé environ a un demi-mille de moi, tomba avec un bruit qui égalait celui du tonnerre, l'océan même me paraissait ému de ce prodige, et je crois que les secousses étaient plus violentes sous les ondes que dans l'île.

Le mouvement de la terre m'avait donné des soulèvemens de cœur, comme aurait fait celui d'un vaisseau battu de la tempête, si j'avais été sur mer; je n'avais rien vu ni rien entendu dire de semblable: et l'étonnement dont j'étais saisi, glaçait le sang de mes veines, et suspendait en quelque façon toutes les puissances de mon âme. Mais le fracas causé par la chute du rocher vint frapper mes oreilles, et m'arracher de l'état insensible où j'étais plongé pour me remplir d'horreur et d'effroi, en ne me laissant entrevoir que de terribles objets, une montagne, entre autres, toute prête à s'abîmer sur ma tente et sous son poids, et à ensevelir dans ses ruines toutes mes richesses. Cette pensée rejeta mon âme dans sa première léthargie.

Voyant ensuite que trois secousses n'étaient suivies d'aucune autre, je commençai à reprendre courage, et néanmoins je n'osais pas encore passer par-dessus ma muraille, de peur d'être enterré tout vif; mais je demeurai sans me bouger, assis à terre, dans l'affliction et dans l'incertitude de ce que je devais faire. Durant tout ce tems, je n'avais aucune pensée sérieuse de religion, si ce n'est que je prononçais de tems en tems du bout des lèvres, cette formule: *Seigneur, ayez pitié de moi*; encore cette ombre de religion ne dura-t-elle guère, et s'évanouit aussi vite que le danger.

L'air s'obscurcissait, et le ciel se couvrait de nuages, comme s'il allait pleuvoir. Bientôt après, le vent s'éleva peu à peu, et alla si fort en augmentant, qu'en moins d'une demi-heure il souffla un ouragan furieux. A l'instant vous auriez vu la mer blanchie de son écume, le rivage inondé des flots, les arbres arrachés du sein de la terre, et tous les ravages d'une affreuse tempête. Elle dura près de trois heures, ensuite elle alla en diminuant; au bout de trois heures il fit calme, et il commença à pleuvoir extrêmement fort.

Cependant j'étais dans la même situation de corps et d'esprit, quand tout à coup je fis réflexion que ces vents et cette pluie étant une suite naturelle du tremblement de terre, il fallait que ce dernier fût épuisé, et que je pouvais bien me hasarder à retourner dans ma demeure. Ces pensées réveillèrent mes esprits, et la pluie aidant encore à me persuader, j'allai m'asseoir dans ma tente; mais je n'y fus pas long-tems, que j'appréhendai qu'elle ne fût renversée par la violence de la pluie; ainsi je fus forcé de me retirer dans ma caverne, quoique en même tems je tremblasse de peur qu'elle ne s'écroulât sur ma tête.

Le déluge m'obligea à faire un trou au travers de mes fortifications, comme un ruisseau, pour faire écouler les eaux, qui, sans cela, auraient innondé ma caverne. Quand j'eus demeuré à l'abri pendant quelque tems, et que je vis que le tremblement de terre était passé, mon esprit commença à se trouver dans une meilleur assiette; et pour soutenir mon courage, qui en avait assurément grand besoin, je m'en allait à l'endroit où était ma petite provision, pour me fortifier d'un trait de rum; mais alors comme en toute autre occasion, j'en usai fort sobrement, sachant très bien que, quand mes bouteilles seraient une fois à sec, il n'y aurait plus moyen de les remplir.

Il continua de pleuvoir toute la nuit et une partie du lendemain, tellement qu'il n'y eut pas moyen de mettre le pied dehors, mais comme je me possédais beaucoup mieux, je commençai aussi à réfléchir sur le meilleur parti que j'avais à prendre, concluant que l'île étant sujette à des tremblemens, il ne fallait aucunement faire ma demeure dans une caverne, mais songer à me bâtir une cabane dans un lieu découvert et dégagé, que je fortifierais d'une muraille telle que la première, pour me mettre en garde contre tous animaux, hommes ou bêtes; pleinement convaincu que si je restais dans le même endroit, il ne manquerait pas de me servir de sépulcre.

Ces raisonnemens me firent résoudre que j'ôterais ma tente du lieu où je l'avais dressée, qui était au pied d'un rocher escarpé, lequel, s'il venait à être secoué une seconde fois, tomberait certainement sur moi. Les deux jours suivans, qui étaient le 19 et le 20 avril, je n'eus l'esprit occupé d'autre chose que de l'endroit que je choisirais pour y transférer ma demeure.

Cependant la crainte d'être enterré tout vif faisait que je ne dormais jamais tranquillement; celle que j'avais de coucher hors de ma forteresse, dans un lieu tout ouvert et sans défense, était presque aussi grande; mais quand je regardais tout autour de moi, que je considérais le bel ordre où j'avais mis toutes choses, combien j'étais agréablement caché, combien j'avais peu à craindre les irruptions, certes je sentais beaucoup de répugnance à déménager.

De plus, je me représentais que je serais long-tems à faire de nouveaux ouvrages, et qu'il me fallait risquer de rester où j'étais, jusqu'à ce que j'eusse formé une espèce de campement, et que je l'eusse suffisamment fortifié pour y prendre mes logemens en toute sûreté. De cette manière, je me mis l'esprit en repos pour un tems, et je pris la résolution de me mettre incesssamment la main à l'œuvre pour me construire une muraille avec des palissades et des câbles comme j'avais fait la première fois, de renfermer mes travaux dans un petit cercle, et d'attendre, pour déloger, j'usqu'a ce qu'ils fussent finis et perfectionnés. C'est le 21 que cela fut arrêté dans mon conseil privé.

Le 22 *avril.* Dès le grand matin, je songeai aux moyens de mettre mon dessein à exécution : mais je me trouvai fort en arrière du côté de mes outils ; j'avais trois besaiguës et une multitude de haches, parce que nous en avions embarqué une provision pour trafiquer avec les Indiens ; mais ces instrumens, à force de charpenter et de couper du bois dure et noueux, avaient le taillent tout denté et émoussé ; et quoique j'eusse une pierre à aiguiser, je n'avais cependant pas le secret de la faire tourner pour m'en pouvoir servir. Cet obstacle intrigua beaucoup mon esprit, et fut pour moi ce que serait un grand point de politique à l'égard d'un homme d'état, et la condamnation ou l'absolution d'un criminel à l'égard d'un juge. A la fin pourtant j'inventai une roue attachée à un cordon pour donner le mouvement à la pierre avec mon pied, tandis que j'aurais les deux mains libres. Notez que je n'avais jamais vu une telle invention en Angleterre, ou du moins je n'avais point du tout remarqué comment elle était pratiquée, quoiqu'elle y soit fort commune, à ce que j'ai pu voir depuis. D'ailleurs, ma pierre était fort grosse et fort lourde ; et cette machine me coûta une semaine entière de travail pour la rendre parfaite et achevée.

Les 28 *et* 29 *avril*. Jemployai ces deux jours à aiguiser mes outils, la machine que j'avais inventée pour tourner la pierre jouant à merveille.

Le 30. M'apercevant depuis long-tems que mon pain diminuait considérablement, j'en fis la revue, et je me réduisis a un biscuit par jour ; ce qui était pour moi un brisement de cœur.

Le 1 *mai*. Regardant le matin vers la mer, pendant la basse marée, je vis quelque chose d'assez gros sur le rivage, et cela ressemblait assez à un tonneau : quand je me fus approché de l'objet, je vis qu'un petit baril et deux ou trois morceaux des débris du vaisseau avaient été poussés à terre par le dernier ouragan. Je regardait du côté du vaisseau, et il me parut être beaucoup plus hors de l'eau qu'il n'était auparavant. J'examinai le baril qui était sur le rivage, et je trouvai que c'était un baril de poudre, mais qu'il avait pris l'eau, et que la poudre était toute collée, et dure comme une pierre. Néanmois, je le roulai plus avant pour l'éloigner de l'eau, et j'allai ensuite aussi près du vaisque je le pouvais sur le sable.

Quand je fus proche, je trouvai qu'il avait étrangement changé de situation. Le château d'avant, qui auparavant était enterré dans le sable, paraissait pour lors élevée de plus de six pieds : la poupe, qui avait été mise en pièces et séparée du reste par la tampête, dès que j'eus achevé d'y fouiller la dernière fois, semblait avoir été ballotée, et se montrait toute sur un còté, avec de si hauts morceaux de sable devant elle, qu'au lieu que ci-devant je n'en pouvais pas approcher d'un demi-mille qu'à la nage, il m'étaiént aisé d'aller au pied jusqu'au dessus, quand le reflux s'était épuisé. D'abord je fus surpris d'une telle situation ; mais bientôt je conclus qu'elle avait été causée par le tremblement de terre ; et comme par les secousses de ce tremblement, le vaisseau s'était brisé et entr'ouvert beaucoup plus qu'il ne l'était auparavant, de même aussi il venait tous les jours à terre quantité de choses que la mer détachait, et que les vents et les flots faisaient peu à peu rouler sur le sable.

Cela me fit entièrement quitter la pensée de changer d'habitation, et ma principale occupation, ce jour-là, fut d'essayer si je ne pourrais point pénétrer dans le vaisseau; mais je vis que c'était une chose à laquelle je ne devais pas m'attendre, parce que le ventre du bâtiment était comblé de sable jusqu'au bord. Néanmoins comme l'expérience m'avait appris à ne désespérer de rien, je résolus de mettre en pièces tout ce que je pourrais des restes, me persuadant que ce que j'en tirerais, me servirait à quelque usage.

Le 3 *mai*. Je me mis à travailler avec ma scie, et je coupai de part en part un morceau de poutre qui soutenait une partie du demi-pont; après cela j'écartai et j'ôtai le plus de sable que je pus du côté le plus haut; mais le montant survint, et m'obligea de finir pour ce jour-là.

Le 4. J'allai à la pêche; mais je n'attrapai pas un seul poisson que j'osasse manger, ce qui me dégoûta de ce passe-tems; comme j'étais sur le point de quitter, j'attrappai un petit dauphin. J'avais une grande ligne faite de fil de corde; mais je n'avais point d'hameçon, et néanmoins je prenais assez de poissons, et tout autant que j'en pouvais consommer. Tout l'apprêt que j'y faisais, c'était de le sécher au soleil; après quoi je le mangeais.

Le 5. J'allai travailler sur les débris; je coupai une autre poutre, et tirai du pont trois grosses planches de sapin, que je liai ensemble et fis flotter avec le montant jusqu'au rivage.

Le 6 *mai*. Je travaillai sur les débris d'où j'enlevai pusieurs ferrailles; cela me coûta un long et pénible travail : j'arrivai fort las au logis, et j'avais quelque envie de renoncer à ces corvées.

Le 7. Je retournai aux débris sans avoir le dessein d'y travailler; mais je trouvai que la carcasse s'était élargie et affaissée sous le poids de sa charge, depuis que j'avais coupé ses deux poutres; que plusieurs endroits du bâtiment étaient détachés du reste, et que la cale était si découverte, que je pouvais voir dedans; mais elle regorgeait de sable et d'eau.

Le 8. J'allai aux débris, et je portai avec moi un levier de fer pour démanteler le pont, qui, pour lors, était tout-à-fait exempt d'eau et de sable : j'enlevai deux planches, que je conduisis encore avec la marée. Je laissai le levier sur la place pour le lendemain.

Le 9. Je me rendis aux débris; avec le levier je pénétrai plus avant dans le corps du bâtiment; je sentis plusieurs tonneaux; que je remuai bien, mais je ne pus point les défoncer. Je sentis pareillement le rouleau de plomb d'Angleterre, et je le soulevais bien un peu, mais il étiat trop pesant pour l'emporter.

Les 10, 11, 12, 13, 14 *mai*. J'allai tous ces jours aux débris, et j'en tirai plusieurs pièces de charpente, nombre de planches, et deux ou trois cents livres pesant de fer.

Le 15. Je portai avec moi deux haches pour essayer si je ne pourrais point couper un morceau de plomb roulé, en y appliquant le taillant de l'une, que je tâcherais d'enfoncer en frappant avec la tête de l'autre. Mais comme il était environ un pied et demi enfoncé dans l'eau, je ne pouvais donner aucun coup qui portat et qui fit impression.

Le 16. Il fit beaucoup de vent la nuit, et la carcasse du batiment en parut encore plus fracassée qu'auparavant : mais je demeurai si long-tems dans les bois à chercher des nids de pigeons pour ma cuisine, que je me laissai prévenir par le montant ce jour-la, et il m'empêcha d'aller aux débris.

Le 17. J'aperçus quelques morceaux de débris qui avaient été portés à terre, à une distance de près de deux milles : je voulus aller voir de quoi il s'agissait; il se trouva que c'était une pièce de la poupe, mais trop pesante pour que je la pusse emporter.

Le 24 *mai*. Je travaillai sur les débris jusqu'à ce jour inclusivement, et à force de jouer du levier pendant tout cet intervalle, j'ébranlai si fort la carcasse, que le premier montant qu'il y eut, accompagné de vent, fit flotter plusieurs tonneaux et deux coffres de matelots. Mais comme le vent soufflait de terre, rien ne vint au rivage ce jour-là, excepté des morceaux de bois et un tonneau plein de porc du Brésil, que l'eau salée et le sable avaient entièrement gâté.

Je continuai ce travail jusqu'au quinzième juin, sans pourtant déroger au tems nécessaire pour chercher ma nourriture, et que j'avais fixé à la haute marée durant ces allées et ces venues, afin que je pusse être toujours prêt pour la basse. J'avais de cette manière amassé du merrain, des planches et du fer en assez grande quantité pour construire un bateau, si j'avais su comment m'y prendre. J'avais encore enlevé, pièce à pièce, près de cent livres de plomb roulé.

Le 16 *juin*. En marchant vers la mer, je trouvai une tortue, qui était la première que j'eusse encore vue dans l'île; mais j'avais été si long-tems sans découvrir aucun de ses animaux, que c'était plutôt un effet du malheur que de la rareté de leur espèce; car je trouvai depuis que je n'aurais eu qu'à aller à l'autre côté de l'île pour en avoir des milliers chaque jour, mais peut-être aussi que cette découverte m'aurait coûté bien cher.

Le 17 *juin*. J'employai ce jour à apprêter ma tortue : je trouvai dedans soixante œufs; et comme, depuis mon abord dans cet affreux séjour, je n'avais goûté d'autre viande que d'oiseaux et de boucs, sa chair me parut la plus savoureuse et la plus délicate du monde.

Le 18. Il plut tout le jour, et je restai au logis. La pluie me semblait froide, et je me sentais tout frileux : chose que je savais n'être point ordinaire dans cette latitude.

Le 19. Je me trouvai fort mal, et frissonnant comme s'il eût fait un grand froid.

Le 20. Je n'eus point de repos toute la nuit, mais j'eus une fièvre accompagnée de grandes douleurs de tête.

Le 21. Je fus fort mal, et j'eus des frayeurs mortelles de me voir réduit à cette misérable condition, que d'être malade et destitué de tout secours humain. Je fis ce qui ne m'était pas encore arrivé depuis la tempête dont nous avions été accueillis à la sortie de la rivière d'Humber ; ce fut de prier Dieu, mais d'une manière si sèche, qu'à peine savais-je ce que je disais, ni pourquoi je le disais, tant ma tête était brouillée.

Le 22 *juin*. Je me trouvai dans une disposition meilleure ; mais les craintes terribles que me donnait ma maladie, portaient le trouble dans mon âme.

Le 23. Je fus derechef fort mal, ayant du froid, des tremblemens, et un violent mal de tête.

Le 24. Je fus beaucoup mieux.

Le 25. Je fus tourmenté d'une fièvre violente ; l'accès me tint sept heures ; il fut mêlé de froid et de chaud, et se termina par une sueur qui m'affaiblit beaucoup.

Le 26. Je fus mieux ; et comme je n'avais point de vivres, je pris mon fusil pour en aller chercher : je me sentais extrêmement faible, et néanmoins je tuai une chèvre, que je trainai au logis avec beaucoup de difficulté : j'en grillai sur les charbons quelques morceaux que je mangeai. Ç'aurait ben été mon dessein d'en faire cuire une partie à l'étuvée pour me faire du bouillon ; mais il m'en fallut passer faute de pot.

Le 27. La fièvre me reprit si violemment qu'elle me fit garder le lit tout le jour sans boire ni manger. Je mourais de soif ; mais j'étais si faible que je n'avais pas la force de me lever pour aller chercher de l'eau.

Je priai Dieu de nouveau; mais j'étais en délire, et en me quittant, ce délire me laissa dans un tel abattement, et que je fus obligé de me tenir couché; seulement je m'écriais : *Seigneur, tourne ta face vers moi, Seigneur, prends pitié de moi!*

Je m'imagine que je ne fis pas autre chose durant deux ou trois heures, jusqu'à ce que l'accès m'ayant enfin quitté, je m'endormis, et ne me réveillai que bien avant dans la nuit. Quand je me réveillai, je me sentis fort soulagé, quoique bien faible et altéré. Quoi qu'il en soit; il n'y avait point d'eau dans toute ma demeure, et je fus forcé de rester au lit jusqu'au matin, que je me rendormis; et dans ce sommeil, je fis le songe affreux que vous allez voir.

Il me semblait que j'étais assis à terre, hors de l'enceinte de ma muraille, dans le même endroit où j'étais lors de la tempête qui suivit le tremblement, et que je voyais un homme, qui, d'une noire et épaisse fumée, descendait à terre au milieu d'un tourbillon de feu et de flamme. Depuis les pieds jusqu'à la tête, il était aussi éclatant que l'astre du jour, tellement que mes yeux n'en pouvaient supporter la vue sans être éblouis. Sa contenance portait la terreur; mais une terreur que je pus bien sentir, et qu'on ne saurait exprimer. La terre, quand il la toucha de ses pieds, me parut s'ébranler comme elle avait fait ci-devant pendant le tremblement; et la région de l'air, embrasée, paraissait n'être qu'une fournaise ardente.

A peine était-il descendu sur ce bas élément, qu'il s'achemina vers moi, armé d'une longue pique, pour me tuer. Quand il fut parvenu à une certaine éminence, distante de quelques pas, il me parla, et d'une voix terrible il proféra ces paroles encore plus terribles : *Parce que tu ne t'es pas converti à la vue de tant de signes, tu mourras* A ces mots, il leva sa redoutable lance, et je le vis venir pour me frapper.

De toutes lés personnes qui liront de cette relation, aucune ne s'attendra que je sois capable de représenter les horreurs où cette vision plongea mon âme; horreurs d'autant plus étranges, que même durant le songe, je sentais un accablement réel : l'impression que cela fit sur mon esprit ne passa pas comme un songe; elle s'y grava profondément, et après mon réveil, elle se conserva dans toute sa force, malgré les lumières du jour et de la raison.

Hélas! à peine avais-je quelque connaissance de la Divinité; ce que j'avais appris sous mon père était oublié : les bonnes instructions qu'il m'avait données autrefois avaient eu le tems de s'effacer par une débauche non interrompue de huit ans de tems, que j'avais passés à vivre et à converser avec des marins qui ne valaient pas mieux que moi, c'est-à-dire, scélérats et profanes au suprême degré. Je ne sache que, durant un si long espace, il me soit jamais venu la moindre pensée de m'élever vers Dieu, pour admirer sa sagesse, ou de descendre au-dedans de moi-même pour y contempler ma misère : une certaine stupidité d'âme s'était emparée de moi, et en avait banni tout désir du bien, et toute sensibilité au mal; j'avais tout l'endurcissement qu'il faut pour être un modèle de libertinage parmi les matelots de la plus méchante espèce, n'ayant aucun sentiment ni de crainte de Dieu dans les dangers qui se présentaient, ni de gratitude envers lui dans les délivrances qu'il opérait.

On n'aura pas de peine à croire ce que je viens de dire, si l'on réfléchit sur les traits précédens de mon histoire; et j'ajoute que, parmi cette foule de malheurs qui m'arrivèrent successivement, je ne m'avisai pas une seule fois que ce pouvait être la main de Dieu qui s'appesantissait sur moi; que c'était une punition de mes crimes, de ma désobéissance envers mon père, ou du cours entier d'une méchante vie. Dans cette expédition désespérée que je fis sur les côtes désertes de l'Afrique, il ne m'arriva nullement de réfléchir quelle serait ma dernière fin, ni de m'adresser à Dieu pour lui demander de diriger ma course, et de me couvrir du bouclier de sa providence, pour me mettre en garde contre la férocité des bêtes et contre la cruauté des sauvages, dont j'étais entouré de toutes parts. L'Etre souverain n'était ni l'objet de mes pensées, ni la règle de ma conduite; j'agissais en pur animal, suivant le seul instinct de la nature, et mettant à peine en usage les principes du sens commun.

Lorsque je fus délivré en pleine mer par le capitaine portugais, qui me reçut à son bord honorablement, et qui me traita avec équité, avec humanité, avec charité, je n'avais en moi nul sentiment de reconnaissance. Lorsque je fis naufrage sur la côte de l'île où je fus submergé et englouti à plusieurs reprises, où je devais périr cent et cent fois je ne sentis point ma conscience touchée, et ne regardait point la chose comme un jugement de Dieu, mais je me contentais de croire qu'il y avait dans cet événement de la fatalité, et de me dire souvent à moi-même que j'étais une maudite créature, et que j'étais né pour être malheureux.

Il est bien vrai que, dès que j'eus pris terre pour la première fois, et que je trouvai que tout le reste de l'équipage avait été noyé, et que j'étais le seul qui eût été sauvé; il est bien vrai, dis-je, que j'eus alors une espèce d'extase et un ravissement de cœur, qui assisté de l'efficace de lagrâce, aurait bien pu se terminer à une reconnaissance chrétienne; mais ce fut un fruit qui avorta dans sa naissance, un lumignon aussitôt éteint qu'allumé, un mouvement qui dégénéra en un transport de joie charnelle, et provenant uniquement de me voir encore en vie, sans que je considérasse que le bras du Tout-Puissant s'était signalé en ma faveur; qu'il m'avait tiré moi seul du nombre des morts, pour me remettre à la terre des vivans ; ma joie ne différait en rien de celle que ressentent communément les matelots qui se voient à terre après avoir échappé au naufrage, qui consacrent ces premiers momens à la boisson et qui se hâtent de noyer au plus vite le souvenir de tout le passé dans les verres et les pots. Telle était ma disposition, et telle elle fut durant tout le cours de ma vie.

Quand la suite des tems et de mûres considérations m'eurent fait sentir tout le poids de ma misère, que je me représentais un naufrage étrange dans ses circonstances, affreux dans son issue : que je me voyais séparé de tout le genre humain sans nulle apparence d'y être incorporé ; que j'envisageais mes maux parvenus à leur comble, sans en apercevoir dans l'avenir le moindre degré de diminution ; dans cet état, s'il venait à luire un petit rayon d'espérance de pouvoir sustenter ma vie, et de la défendre contre la faim, c'en était assez pour charmer mes ennuis, pour servir de contre-poids à toutes mes afflictions ; dès-lors je commençais à me mettre l'esprit en repos ; j'étais bien éloigné de faire intervenir dans mes malheurs le courroux du ciel et la main vengeresse de Dieu : mon esprit n'était guère accoutumé à remonter ainsi des effets à leur véritable cause.

Le blé dont j'ai fait mention dans mon journal, et que j'avais vu s'élever inopinément au pied du rocher, frappa mon âme aussitôt que ma vue ; il lui inspira une attention sérieuse autant de tems que l'opinion du miracle s'y maintient ; mais cette supposition ne fut pas plus tot éclipsée, qu'elle entraîna avec elle tous les bons mouvemens qu'elle avait fait naître : c'est ce que j'ai déjà remarqué.

Le tremblement de terre, quoique la chose du monde la plus terrible en elle-même, et la plus capable de conduire à l'idée d'une puissance invisible, qui seule tient en sa main les choses de cet univers ;

le tremblement de terre, dis-je, n'eut pas plus tôt cessé, que l'émotion, la crainte, et généralement toutes les impressions qu'il avait faites en moi, s'évanouirent : je ne pensai plus aux jugemens de Dieu; je ne le regardai plus comme le juste dispensateur de mes maux, ni plus ni moins que si j'eusse été dans la plus douce et la plus fortunée condition de la vie.

Mais dès que je me vis malade, et que la mort, accompagnée de toutes ses horreurs, se présenta à mes yeux pour la contempler à loisir; quand mes forces commençaient à succomber à la violence du mal, que la nature était épuisée par l'ardeur de la fièvre, c'est alors que la conscience, depuis si long-tems assoupie, se réveilla : je commençai à me reprocher une vie qui s'était signalée par le crime; qui avait armé contre moi la justice divine, qui m'en avait attiré les coups les plus inouïs, et qui me faisait actuellement gémir sous le poids de sa vengeance.

Ces réflexions m'accablèrent dès le second ou le troisième jour de ma maladie, et, jointes à la fièvre, aussi bien qu'aux reproches de ma conscience, arrachèrent de ma bouche quelques mots de prières, qui, pour n'être pas accompagnés d'un désir sincère, et d'une espérance vive, méritaient moins le nom de prières, qu'elles n'étaient effectivement le langage de la frayeur et de l'angoisse. Une confusion de pensées agitaient mon esprit, la grandeur de mes crimes bourrelait ma conscience; la peur ou la seule idée de mourir dans un misérable état me faisait monter les vapeurs au cerveau; dans cette détresse de mon âme, ma langue articulait je ne sais quoi d'une façon imparfaite et purement machinale; mais ce n'étaient qu'exclamations ainsi conçues : *Grand Dieu! que je suis misérable! si mon mal continue, je mourrai faute d'assistance : mon Dieu! que deviendrai-je?* Après ce peu de paroles, un ruisseau de larmes coula de mes yeux, et je tombai dans un long et profond silence.

Dans cet intervalle se présentèrent à mon esprit les leçons salutaires de mon père, et puis la prédiction rapportée au commencement de cette histoire, qui disait que, si je faisais cette fausse démarche d'aller courir par le monde. Dieu ne me bénirait pas, et que j'aurais à l'avenir tout le loisir de réfléchir sur le mépris que j'aurais fait de ses conseils, quand peut-être il n'y aurait personne pour m'aider à en réparer la perte. « C'est à présent, *m'écriai-je tout haut*, c'est » à présent que s'accomplissent les paroles de mon » père : le bras d'un Dieu vengeur m'a atteint, il » il n'y a personne pour m'assister ni pour m'entendre; j'ai rejeté la voix de la Providence, qui, par » sa bonté infinie, m'avait placé dans un état de vie » où je povais être heureux, et dont je n'ai pas voulu » jouir ni connaître le prix, malgré mes parens que » je laissai dans un deuil, qui n'avait d'autre objet » que ma folie; mais celui où je me vois aujourd'hui » délaissé, n'est qu'une suite de cette même folie: » j'ai refusé l'aide de mes parens, lorsqu'ils me voulaient établir dans le monde, et m'y mettre dans » une position exempte de gêne et d'inquiétude, et » maintenant il me faut lutter contre des obstacles » trop rudes, et peu proportionnés à la faiblesse de » la nature, sans que j'aie ni assistance, ni consolation, ni conseil. » Alors je m'écriai : *Grand Dieu, viens à mon aide! car ma détresse est grande.*

Cette prière, s'il m'est permis de me servir de ce nom, était la première que j'eusse faite depuis plusieurs années. Mais retournons à notre journal.

Le 28 de juin. Me sentant un peu soulagé par le sommeil que j'avais eu, et l'accès étant tout-à-fait fini, je me levai. La frayeur où m'avait jeté le songe, ne m'empêcha pas de considérer que l'accès de fièvre me reprendrait le jour suivant, et qu'il fallait profiter de cet intervalle pour me refaire un peu, et préparer des rafraîchissemens, auxquels je pourrais avoir recours lorsque le mal serait revenu. La première chose que je fis, ce fut de verser de l'eau dans une grande bouteille carrée, et de la mettre sur ma table près de mon lit; et pour ôter la crudité de l'eau, j'y ajoutai environ le quart d'une pinte de *rum*, mêlant le tout ensemble : j'allai couper un morceau de viande de bouc, que je grillai sur des charbons; mais je n'en pus manger que fort peu. Je sortis pour me promener; mais je me trouvai faible, triste, et le cœur serré à la vue de ma pitoyable condition, redoutant pour le lendemain le retour de mon mal. Le soir je fis mon souper de trois œufs de tortue, que je fis cuire dans la braise, et que je mangeai à la coque; et ce fut là, autant que je m'en puis ressouvenir, le premier morceau pour lequel j'eusse encore demandé à Dieu sa bénédiction durant tout le tems de ma vie.

Après avoir mangé, j'essayai de me promener; mais je me trouvai si faible, qu'à peine pouvais-je porter mon fusil, sans laquel je ne marchais jamais : ainsi je n'allai pas loin, je m'assis à terre, et me mis à contempler la mer, qui se présentait devant moi, et qui était calme et unie; et dans cette posture il me vint à peu près dans l'esprit les pensées suivantes :

« Qu'est-ce que la terre? qu'est-ce que la mer, sur » laquelle j'ai tant vogué? d'où cela a-t-il été pro» duit? que suis-je moi-même? que sont les autres » créatures humaines et brutes, privées et sauvages? » quelle est notre origine?

» Certainement nous avons tous été faits par une » puissance invisible, qui forma la terre et la mer, » l'air et les cieux; et qu'elle est cette puissance? »

Alors j'inférai naturellement : *C'est Dieu qui a créé toutes choses*. Fort bien, dis-je en moi-même; mais je n'en demeurai pas là; et par une suite nécessaire des antécédens, je continuai de la sorte : « Si

» Dieu a fait toutes choses, il guide ces mêmes choses, » et celles qui les concernent ; car, assurément, il » faut que la puissance qui les a faites ait le pouvoir » de les gouverner et de les diriger.

» Cela étant, rien ne peut arriver dans la vaste en» ceinte de ses ouvrages sans sa connaissance ou sans » son ordre.

» Or, s'il n'arrive rien sans sa connaissance, il sait » que je suis ici, et que j'y suis dans un état affreux, » et s'il n'arrive rien sans son ordre, il a ordonné » que cela m'arrivat. »

Rien ne se présentait à mon esprit qui pût contredire une seule de ces conclusions ; c'est pourquoi elles opérèrent en moi avec toute la force possible, et me convainquirent que Dieu avait ordonné que toutes ces choses m'arrivassent ; que c'était par une dispensation de sa Providence que je me voyais réduit à une extrême misère, parce que seul il avait en sa puissance, non pas seulement moi, mais encore tout ce qui existe, et tout ce qui arrive dans le monde. Aussitôt je me fis cette question :

Pourquoi Dieu, m'a-t-il fait ces choses ? Qu'ai-je fait pour être ainsi traité ?

Dans cette recherche, je sentis soudain ma conscience se soulever comme si je venais de blasphémer ; et il me semblait entendre une voix qui me faisait ce reproche : « Misérable ! tu demandes ce que » tu as fait ; regarde en arrière pour y contempler » le passé, et pour te retracer une vie abandonnée » au désordre : demande plutôt qu'est-ce que tu n'as » pas fait ; demande pourquoi tu n'as pas péri il y » a long-tems. D'où vient, par exemple, que tu ne » te noyas pas dans la rade d'Yarmouth, que tu ne » fus pas tué dans le combat où tu fus pris par le » corsaire de Salé ; que tu n'as pas été dévoré par les » bêtes sauvages sur les côtes d'Afrique, et qu'en » dernier lieu tu n'as pas été enseveli dans les flots

» comme le reste de l'équipage? Après cela, oseras-» tu bien encore demander ce que tu as fait? »

Ces réflexions me rendirent muet, et bien loin d'avoir aucune réplique pour me justifier auprès de moi-même, je me levai tout pensif et mélancolique; je marchai vers ma retraite, et je passai pardessus ma muraille, comme pour m'aller coucher; mais je me sentis l'esprit dans une grande agitation, et j'étais peu disposé à dormir; ainsi je m'assis sur ma chaise, et comme il commençait à faire noir, j'allumai ma lampe. Déjà l'atteinte de la fièvre me donnait de terribles inquiétudes; et dans ce moment il me vint dans l'esprit que les Brésilliens ne prennent presque aucune autre médecine, pour quelque sorte de maladie que ce puisse être, que leur tabac; et je savais qu'il y avait dans un de mes coffres un morceau de rouleau, dont les feuilles étaient mûres pour la plupart, quoiqu'il y en eût parmi quelques-unes de vertes.

Je me levai de dessus ma chaise, et comme si j'eusse été inspiré du ciel, j'allai droit au coffre qui renfermait la guérison de mon cops et de mon âme. J'ouvris le coffre, et j'y trouvai ce que je cherchais, savoir le tabac; et comme le peu de livres que j'avais conservés y étaient aussi serrés, je pris une des Bibles, dont il a été fait mention ci-dessus, et que je n'avais pas eu jusqu'ici le loisir, ou plutôt le désir d'ouvrir une seule fois; je la pris, dis-je, et la portai avec le tabac sur ma table.

Je ne savais ni comment employer ce tabac pour ma maladie ni s'il lui était favorable ou contraire; mais j'en fis l'expérience de plusieurs manières différentes, comme si je n'eusse pu manquer par cette voie de rencontrer la bonne et de réussir. Premièrement, je pris un morceau de feuille que je mis dans ma bouche, et comme le tabac était vert et fort, et que je n'y étais pas accoutumé, il m'étourdit extraordinairement; secondement, j'en fis tremper une autre feuille dans du rum, pour en prendre une dose une heure ou deux après, en me couchant; et en troisième lieu, j'en grillai sur des charbons ardens, je tins mon nez sur la fumée, aussi près et aussi long-tems que la crainte de me brûler ou de me suffoquer le pouvait permettre.

Dans l'intervalle de ces préparatifs, j'ouvris la Bible, et je commençai à lire; mais les fumées du tabac m'avaient trop ébranlé la tête pour continuer ma lecture; néanmoins; ayant jeté les yeux à l'ouverture du livre, les premières paroles qui se présentèrent, furent celles-ci: *Invoque-moi au jour de ton affliction, et je te délivrerai, et tu me glorifieras.*

Ces paroles étaient fort propres pour l'état où je me trouvais, et elles firent impression sur mon esprit dans le tems de la lecture; mais le mot de *délivrer* semblait ne pas me concerner, et n'avait aucune signification à mon égard; ma délivrance était une chose si éloignée, et même si impossible dans mon imagination, que je commençai à parler le langage des enfans d'Israële, qui disaient, lorsqu'on leur promit de la chair à manger: *Dieu pourrait-il dresser une table dans ce désert?* Et moi, aussi incrédule qu'eux, je me mis à dire: *Dieu lui-même pourrait-il me délivrer de cette place?* Et comme ce ne fut qu'après bien des années qu'il se manifesta quelque sujet d'espérance, aussi ces délivrance, aussi ces défiances venaient-elles souvent me maîtriser; néanmoins les paroles que j'avais lues me touchaient, et je les méditais très souvent. Il se faisait tard: et le tabac, comme j'ai déjà dit, m'avait si fort appesanti la tête, qu'il me prit envie d'aller dormir. Je laissai brûler ma lampe dans ma caverne, de peur que je n'eusse besoin de quelque chose pendant la nuit; ensuite je m'allai coucher: mais auparavant je fis ce que je n'avais fait de mes jours; je me mis à genoux, je priai Dieu, le suppliant d'accomplir la promesse qu'il m'avait faite, que, si je l'invoquais au jour de mon affliction, il me délivrerait. Après que cette prière précipitée et imparfaite fut finie, je bus le rum dans lequel j'avais infusé le tabac, et qui en était si imbu et si fort que j'eusse beaucoup de peine à l'avaler. Incontinent cette potion me donna brusquement à la tête; mais je m'endormis d'un si profond sommeil, que quand je me réveillai après cela, il ne pouvait pas être moins de trois heures après-midi; je dirai bien plus, c'est que je ne saurais encore m'ôter de la tête que je dormis tout le lendemain de ma médecine, toute la nuit d'après, et une partie du jour suivant; car autrement je ne comprends pas comment j'aurais pu me trouver court d'un jour dans mon calandrier ou calcul de jours et de semaines, comme il parut quelques années ensuite que je l'étais effectivement.

Quelle que pût être la cause de ce mécompte, je me trouvai à mon réveil extrêmement soulagé, me sentant du courage et de la joie. Quand je me levai, j'avais plus de force que le jour précédent. Mon estomac s'étant fortifié, l'appétit m'était revenu; en un mot, le lendemain, point de fièvre du tout, et j'allai toujours de mieux en mieux. Ce jour était le 23.

Le 30 *juin*, suivant même le train de ma maladie, était mon bon jour; ainsi je sortis avec mon fusil, mais je ne me souciai point de m'éloigner trop. Je tuai une couple d'oiseau de mer, asssez semblables à des oies sauvages. Je les portai au logis, mais je ne fus point tenté d'en manger, et me contentai de quelques œufs de tortue, qui étaient fort bons. Le soir je réitérai la médecine que je supposai m'avoir fait du bien, j'entends le rum dans quoi il y avait du tabac infusé, j'usai pourtant de quelques restrictions cette fois-ci: c'est que la dose fut plus petite que la première, que je ne mâchait point de tabac, et que je ne tins point le nez sur la fumée, comme auparavant. Quoi qu'il en soit, le lendemain qui était le Ier *juillet*, je ne fus point aussi bien que je m'y étais attendu, j'eus quelque espèce de frisonnement, mais, à la vérité, ce n'était que peu de chose.

Le 2. Je réitérai la médecine des trois manières; elle me donna dans la tête, comme il était arrivé la première fois, et je doublai la quantité de ma potion.

Le 3 *juillet*. La fièvre me quitta pour toujours; mais il se passa quelques semaines avant que je recouvrasse tout-à-fait mes forces. Cependant je réfléchissais extrêmement sur ces paroles de l'écriture, *je te délivrai*: l'impossibilité de ma délivrance était si profondément gravé dans mon esprit, qu'elle y avait coupé racine à tout espoir. Mais durant que je me décourageais ainsi par de telle pensées, je fis réflexion que j'avais les yeux si assidûment tournés vers ma principale délivrance, que je les détournais de dessus celle que j'avais reçue. Sur le champ je me pris moi-même à partie, et me formai ces interrogations: « N'ai-je pas été délivré d'une maladie dangereuse? » l'état pitoyable où j'étais, la peur terrible que j'en » avais l'heureuse issue qui a terminé tout cela, ne » sont-ce pas des choses qui méritaient mon atten- » tion? Dieu m'a délivré, mais je ne l'ai pas glorifié; » c'est-à-dire, je n'ai pas reconnu son bienfait; je » ne lui ai pas rendu mes actions de grâces: avec » quel front oserais-je attendre une plus grande » délivrance? »

Ces réflexions pénétrèrent mon cœur; je me mis incontinent à genoux, et je remerciai Dieu à haute voix de ma convalescence.

Le 4. Le matin je pris la Bible, et je commençai au nouveau Testament. Je m'appliquai sérieusement à cette lecture, et me fis une loi d'y vaquer chaque matin et chaque soir; sans me fixer à un certain nombre de chapitres, mais suivans la situation de mon esprit. Je n'eus pas pratiqué cet exercice pendant longtems, que je sentis naître en mon cœur un repentir plus profond et plus sincère de ma vie passée; l'impression de mon songe se réveilla, j'étais sensiblement ému du passage conçu en ces paroles : *Toutes ces choses ne t'ont point porté à repentance.* C'est cette repentance que je demandais un jour à Dieu avec affection, lorsque par un effet de sa providence, ayant ouvert l'écriture sainte, je tombai sur ces mots : *Il est prince et sauveur, il a été élevé pour donner repentance et rémission.* A peine eus-je achevé le passage, que je posai le livre, et élevant mon cœur aussi bien que mes mains vers le ciel, avec une espèce d'extase et un transport de joie indécible, je m'écriai tout haut : *Jésus, fils de David, prince et sauveur, qui a été élevé pour donner repentance, donnez-la moi !*

Je puisse dire que cette prière fut la première de ma vie qui mérita le nom de prière, car elle fut accompagnée d'un sentiment de ma misère, et d'une espérance vive puisée dans la sainte écriture, animée par la parole de Dieu même, et depuis ce tems-là je ne cessai point d'espérer que Dieu m'exaucerait un jour.

Dès-lors le passage compris en ces termes : *Invoque moi, et je te délivrerai*, me parut renfermer un sens que je n'y avais pas encore trouvé. Car auparavant je n'avais l'idée d'aucune autre délivrance, que d'être affranchi de ma captivité où j'étais détenu, je veux dire l'île, qui, pourquoi ce fût un lieu vaste et étendu, ne laissait pas d'être pour moi une prison, et même une des plus terribles. Mais aujourd'hui je me vois éclairé d'une lumière nouvelle, j'apprends une toute autre interprétation des paroles que j'avais lues : maintenant je repasse avec horreur sur une méchante vie l'image de mes crimes m'inspire l'épouvante, et je ne demande plus rien à Dieu, sinon qu'il délivre mon âme d'un poids sous lequel elle gémit. Quand à ma vie solitaire, elle ne m'afflige plus ; je ne prie pas seulement Dieu de vouloir m'en affranchir, je n'y pense pas, et tous les autres maux ne me touchent point en comparaison de celui-ci. J'ajoute cette dernière réflexion, pour insinuer en passant à quiconque lira cet endroit de mon ouvrage, qu'à prendre les choses dans leur vrai sens, c'est un bien infiniment plus grand de se soustraire au péché qu'à l'affliction; mais je n'étendrai pas cette manière, et je vais reprendre mon journal.

Quoique ma condition fût encore la même, à parler physiquement, et à en juger par l'extérieur des choses, néanmoins elle était devenue bien plus douce et bien plus supportable aux yeux de mon esprit. Par une lecture constante des écrits, sacrés et par l'usage fréquent de la prière, mes pensées étaient dirigées vers ces objets d'une nature relevée, je sentais en secret des consolations intérieures, qui m'avaient jusqu'alors été inconnues; et comme ma santé et mes forces revenaient tous les jours, je m'employais sans cesse à me pourvoir de tout ce qui me manquait, et à rendre ma manière de vivre autant régulière qu'il se pouvait.

Du 4 juillet jusqu'au 14. Mon occupation principale était de me promener avec mon fusil à la main : je réitérais souvent la promenade; mais je la faisais courte comme un homme qui relevait de maladie, et qui tâchait peu à peu de se remettre : car il est difficile de comprendre combien j'étais épuisé, et à quel point de faiblesse je me voyais réduit. Le remède dont je me servis était tout-à-fait nouveau, et n'avait peut-être jamais guéri de fièvre auparavant; aussi l'expérience que j'en fis n'est pas un garant suffisant, pour l'oser recommander à qui que ce soit; parce que, si d'un côté il emporta la fièvre, de l'autre il contribua extrêmement à m'affaiblir, et il m'en resta pendant quelque tems un ébranlement de nerfs et de fortes convulsions par tout le corps.

Ces fréquentes promenades m'apprirent à mes dépens une particularité, qui est, qu'il n'y avait rien de plus pernicieux à la santé, que de se mettre en campagne pendant la saison pluvieuse, surtout si la pluie était accompagnée d'une tempête ou d'un ouragan. Or, comme la pluie qui survenait quelquefois dans la saison sèche, ne tombait jamais sans orage, aussi trouvais-je qu'elle était beaucoup plus dangereuse, et plus à craindre que celle de septembre ou d'octobre.

Il y avait près de dix mois que j'étais dans cette île infortunée; toute possibilité d'en sortir semblait m'être ôté pour toujours, et je croyais fermement que jamais créature humaine n'avait mis le pied dans ce lieu sauvage. Ma demeure se trouvait, selon moi, suffisamment fortifiée; j'avais un grand désir de faire une découverte plus complète de l'île, et de voir si je ne pourrais point rencontrer des productions qui m'auraient été cachées jusqu'alors.

Ce fut le 15 *juillet* que je commençai de faire une visite de l'île, le plus exactement que j'euse encore fait. J'allai premièrement à la petite baie, dont j'ai déjà fait mention, et où j'avais abordé avec tous mes radeaux. Je marchai le long de la rivière; et quand j'eus fait environ deux milles en montant, je trouvai que la marée n'allait pas plus loin, et que ce n'était plus là qu'un petit ruisseau coulant, dont l'eau était fort douce et fort bonne. Mais comme l'été, ou la saison sèche régnait en ce tems-là, il n'y avait presque point d'eau en certains endroits; du moins n'en restait-il point assez pour faire un courant un peu considérable et sensible.

Sur les bords de ce ruisseau, je trouvai plusieurs prairies agréables, unies et couvertes d'une belle verdure. En s'éloignant du lit, elles s'élevaient insensiblement: là où il n'y avait pas d'apparence qu'elles fussent jamais innondées, c'est-à-dire, près des coteaux qui les bordaient, je trouvai quantité de tabac vert, et croissant sur une tige extrêmement haute.

Il y avait plusieurs autres plantes que je ne connaissais point, et dont je n'avais jamais entendu parler, qui pouvaient renfermer des qualités occultes.

Je me mis à chercher de la cassave, qui est une racine dont les Américains font leur pain dans tous ces climats ; mais je n'en pus point trouver. Je vis de belles plantes d'aloës ; mais je n'en savais pas encore l'usage: je vis plusieurs cannes de sucre, mais sauvages et imparfaites faute de culture. Je me contentai de cette découverte pour cette fois, et je m'en revins, en considérant mûrement quels moyens je pourrais prendre pour m'instruire de la vertu des plantes et des fruits que je découvrirais à l'avenir ; mais après y avoir bien pensé, je ne formai aucune conclusion : car, sans mentir, j'avais été si peu soigneux de faire mes observations, dans le tems que j'étais au Brésil, que je ne connaissais guère les plantes de la campagne, ou que du moins la connaissance que j'en avais ne pouvait pas m'être d'un grand secour dans l'état misérable où j'étas

Le lendemain, 16 *du mois*, je repris le même chemin, et m'étant avancé un peu plus loin que je n'avais fait la veille, je trouvai que le ruisseau et les prairies ne s'étendaient pas plus loin, et que la campagne commençait à être plus couverte de bois. Là je trouvai plusieurs sortes de fruits, et particulièrement des melons qui couvraient la terre, des raisins qui pendaient sur les arbres, et dont la grappe riante et pleine était prête pour la vendange. Cette découverte me donna autant de surprise que de joie. Mais je voulus modérer mon appétit, et profiter d'une expérience qui avait été funeste à d'autres · car je me ressouvenais d'avoir vu mourir en Barbarie plusieurs de nos esclaves anglais, qui, à force de manger des raisins, avaient gagné la fièvre et la dissenterie. J'eus pourtant le secret d'obvier à des suites si terribles, et de préparer ce fruit d'une manière excellente, en l'exposant et le faisant sécher au soleil après l'avoir coupé, et je le gardai comme on garde en Europe ce qu'on appelle des raisins secs ; je me persuadais qu'après l'automne ce serait un manger aussi agréable que sain ; et mon espérance ne fut point déçue.

Je passai là toute la journée ; sur le tard je ne jugeai pas à propos de m'en retourner au logis, et je me déterminai, pour la première fois de ma vie solitaire, à découcher. La nuit étant venue, je choisis un logement tout semblable à celui qui m'avait donné retraite à mon premier abord dans l'île : ce fut un arbre bien touffu, sur le quel m'étant placé commodément, je dormis d'un profond sommeil. Le lendemain au matin je procédai à la continuation de ma découverte, en marchant près de quatre milles et jugeant de la longueur du chemin par celle de la vallée que je parcourais j'allais droit au nord, et laissais derrière et à ma droite une chaine de monticules.

Au bout de cette marche je me trouvai dans un pays découvert, qui semblait porter sa pente à l'occident un petit ruisseau d'eau fraiche, qui sortait d'une colline, dirigeait son cours à l'opposite, cest-à-dire à l'orient : toute cette contrée paraissait si tempéré, si verte, si fleurie, qu'on l'aurait prise pour un jardin planté par la main des hommes ; et il était aisé de voir qui'l y régnait un printems perpétuel.

Je descendis un peu sur la croupe de cette vallée délicieuse ; et après je fis une station pour la contempler à loisir. D'abord l'admiration se saisi de mes sens ; elle suspendit quelque tems mes soucis rongeurs pour me faire savourer en secret le plaisir de voir que tous ce que je contemplais était mon bien, que j'étais le seigneur et le roi absolu de cette région, que j'y avait un endroit de possession ; et que, si j'avais des héritiers, je pourrais la leur transmettre aussi incontestablement qu'on ferait d'un fief en Angleterre. J'y vis une grande quantité de cacaos, d'orangers, de limoniers et de citronniers, qui tous étaient sauvages, et dont il n'y en avait que peu qui portassent du fruit, du moins dans la saison présente Néanmoins les limons verts que je cueillis, étaient non-seulement agréables à manger ; mais encore très-saints ; et dans la suite j'en mêlai le jus avec de l'eau, qui en recevait de relief, devenant par-là et plus fraîche et plus salutaire.

Je me voyais maintenant assez d'ouvrage sur les bras: il s'agissait de cueillir du fruit et de le transporter ensuite dans mon habitation ; car j'avais résolu d'amasser une provision de raisins et de citrons pour me servir pendant la saison pluvieuse, que je savais bien qui approchait.

Pour cet effet je fis trois monceaux, dont deux étaient de raisins et l'autre de limons et de citrons mêlés ensemble. Je tirai de chacun une petite portion pour emporter, et avec cela je pris le chemin de la maison, résolu de revenir au plus tôt, et de me munir d'un sac ou de quelque autre meuble, tel que je pourrais trouver pour enlever le reste

Après mon voyage de trois jours, je me rendis chez moi ; c'est ainsi que j'appelerai désormais ma tente et ma caverne. Mais avant que d'y arriver, mes raisins s'étaient brisés et écrasés à cause de leur grande maturité et de leur pesanteur, en sorte qu'ils ne valaient plus que peu de chose, pour ne pas dire rien du tout. Pour ce qui est des limons, ils se trouvèrent très-bons; mais il n'y en avait qu'un petit nombre.

Le jour suivant, qui était le 19, je retournai avec deux petits sacs que j'avais faits pour aller chercher ma récolte. Mais je fus surpris de voir que mes raisins que j'avais laissés la veille si appétissans et bien amoncélés étaient aujourd'hui tous gâtés, tous par morceaux, trainés et dispersés çà et là et qu'une partie en avait été rongée et dévorée. De là je conclus qu'il y avait dans le voisinage quelques animaux sauvages qui avaient commis tout ce dégât.

Enfin voyant qu'il n'y avait pas moyen de les laisser en un morceau, ni de les emporter dans un sac, parce que d'un côté ils seraient pressés et exprimés sous leur propre poids, et que de l'autre ce serait les livrer en proie aux bêtes sauvages ; je trouvai une troisième méthode qui me réussit ; c'est que je cueillis une grande quantité de raisins, et les suspendis au bout des branches des arbres, pour les sécher et les cuire au soleil ; mais quant aux limons et aux citrons j'en emportai au logis tout autant qu'il en fallait pour plier presque sous ma charge.

En chemin faisant pour m'en retourner de ce voyage je contemplais avec admiration la fécondité de cette vallée, les charmes de sa situation, l'avantage qu'il y aurait de s'y voir à l'abri des orages du vent d'est, derrière ces bois et ces coteaux ; et je conclus que l'endroit où j'avais fixé mon habitation était sans contredit le plus mauvais de toute l'île. Ainsi je pensai dès-lors à déménager et à me choisir, s'il était possible, dans ce séjour fertile et agréable, une place aussi forte que celle que je méditais de quitter.

J'eus longtems ce projet en tête, et la beauté du lieu était cause que j'en repaissais mon imagination avec plaisir ; mais quand je viens à considérer les choses de plus près, et à réfléchir que ma vieille demeure était proche de la mer, je trouvai que ce voisinage pourrait donner lieu à quelque événement favorable pour moi ; que la même destinée qui m'avait poussé où j'étais, pourrait m'y envoyer des compagnons de mon malheur ; et que, bien qu'il n'y eût pas beaucoup d'apparence à une telle époque, néanmoins si je venais à renfermer dans les collines et dans les bois, au centre de l'île, ce serait redoubler mes entraves et rendre mon affranchissement non-seulement peu probable, mais même impossible ; et que, par conséquent, je ne devais aucunement changer de demeure.

Mais pourtant j'étais devenu si amoureux d'un si

bel endroit, que j'y passai presque tout le reste de juillet; et quoique, après m'être ravisé, j'eusse conclu à ne point changer de domicile, je ne pus m'empêcher de m'y faire une petite métairie au milieu d'une enceinte assez spacieuse, laquelle enceinte était composée d'une double haie bien palissadée, aussi haute qu'où je pouvais atteindre, et toute remplie en dedans de menu bois. Je couchais quelquefois deux ou trois nuits consécutives dans cette seconde forteresse, passant et repassant pardessus la haie une échelle, comme je faisais dans la première; et dès-lors je me regardai comme un homme qui avait deux maisons, l'une sur la côte pour veiller au commerce et à l'arrivée des vaisseaux; l'autre à la campagne, pour faire la moisson et la vendange. Les ouvrages et le séjour que je fis dans cette dernière, me tinrent *jusqu'au premier août*

Je ne faisais que de finir mes fortifications et de commencer à jouir de mes travaux, quand les pluies vinrent m'en déloger et me chasser dans ma première habitation pour n'en pas sortir sitôt; car, quoique dans ma nouvelle je me fusse fait une tente avec une pièce de voile, et que je l'eusse fort bien tendue, comme j'avais déjà fait dans la vieille, toutefois je n'étais pas au pied d'un rocher haut et sans pente, qui me servît de boulevard contre le gros tems, et je n'avais pas derrière moi une caverne pour me retirer quand les pluies étaient extraordinaires.

J'ai déjà dit que j'avais achevé ma métairie au commencement d'août, et que dès ce tems-là je commençais à en goûter les douceurs. Je dirai maintenant, pour continuer mon journal, qu'au troisième jour du même mois, je trouvai mes raisins que j'avais suspendus, parfaitement secs, bien cuits au soleil, et en un mot excellens; c'est pourquoi je commençai à les ôter de dessus les arbres, et je fus bien avisé de m'y prendre aussitôt, autrement les pluies qui survinrent les auraient entièrement gâtés et m'aurait fait perdre mes meilleures provisions d'hiver ; car j'avais plus de deux cents grappes. Il me fallut du tems pour les dépendre, pour les transporter chez moi et pour les serrer dans ma caverne. Je n'eus pas plus tôt fait toutes ces choses, que les pluies commencèrent et durèrent depuis le quatorzième d'août jusqu'à la mi-octobre : il est bien vrai qu'elles se relâchaient quelquefois ; mais aussi elles étaient de tems en tems si violentes, que je ne pouvais point bouger de ma caverne durant plusieurs jours.

Dans cette même saison l'accroissement soudain de ma famille me donna bien de la surprise. Il y avait du tems que j'avais eu le chagrin de perdre un de mes chats, et je le croyais mort, lorsque, à mon grand étonnement, il vint à mon logis, escorté de trois petits, sur la fin du mois d'août. Il est bien vrai que j'avais tué avec mon fusil une espèce d'animal que j'ai appelé chat sauvage ; mais il me paraissait tout différent de ceux que nous avons en Europe, et mes petits chats étaient tout-à-fait semblables aux autres chats domestiques et à mes deux vieux en particulier, qui, n'étant qu'une couple de femelles, ne fournissaient à mon esprit que d'étranges difficultés sur cette multiplication. Mais cette race qui m'avait intrigué dès sa naissance, faillit à m'empester dans la suite, par une trop féconde prospérité dont je fus bientôt si infesté, que je me vis obligé de leur donner la chasse, et même de les exterminer comme une vermine dangereuse ou comme des bêtes sauvages.

Depuis le 14 du mois d'avril jusqu'au 26, il plut sans aucune intermission, tellement que je ne pus point sortir tout ce tems-là ; j'étais devenu fort soigneux de me garantir de la pluie. Durant cette longue retraite, je commençai à me trouver un peu court de vivres ; mais m'étant hasardé deux fois à aller dehors, je tuai à la fin un bouc, et trouvai une tortue fort grosse, qui fut pour moi un grand régal. La manière dont je réglais mes repas était celle-ci : je mangeais une grappe de raisin pour mon déjeûner, un morceau de bouc ou de tortue grillé pour mon dîner; car par malheur je n'avais aucun vaisseau propre à bouillir où à étuver quoi que ce soit; et puis à souper, deux ou trois œufs de tortue faisaient mon affaire.

Pour me désennuyer, et faire en même tems quelque chose d'utile dans cette espèce de prison où me confinait la pluie, je travaillais régulièrement deux ou trois heures par jour à agrandir ma caverne; et conduisant ma sape peu à peu vers un des flancs du rocher, je parvins à le percer de part en part, et à me faire une entrée et une sortie libres derrière mes fortifications; mais je conçus d'abord quelque inquiétude de me voir ainsi exposé; car de la manière dont j'avais ménagé les choses auparavant, je m'étais vu parfaitement bien enclos; au lieu qu'à présent je me voyais en butte au premier agresseur qui viendrait. Il faut pourtant avouer que j'aurais de la peine à justifier la crainte qui me vint sur cet article, et que j'étais trop ingénieux à me tourmenter, puisque la plus grosse créature que j'eusse encore vue dans l'île, c'était un bouc.

Le 30 *septembre* était l'anniversaire de mon funeste débarquement. Je calculai les crans marqués sur mon poteau, et je trouvai qu'il y avait trois cent soixante-cinq jours que j'étais à terre. J'observai ce jour comme un jour de jeûne solennel, le consacrant tout entier à des exercices religieux, me prosternant à terre avec humilité profonde, confessant mes péchés à Dieu, reconnaissant la justice de ses jugemens sur moi, et implorant enfin sa compassion en vertu de notre divin médiateur. Je m'abstins de toute nourriture pendant douze heures, et jusqu'au soleil couchant; après quoi je mangeai un biscuit avec une grappe de raisin; et terminant cette journée avec dévotion, comme je l'avais commencée, je m'allai coucher.

Jusqu'ici je n'avais observé aucun dimanche ; parce que n'ayant au commencement nul sentiment de religion dans le cœur, j'omis au bout de quelque tems de distinguer les semaines, en marquant pour le dimanche un cran plus long que pour les jours ouvriers ; ainsi je ne pouvais véritablement plus discerner l'un de l'autre. Mais quand j'eus une fois calculé les jours par le nombre des crans, comme je viens de le dire, je reconnus que j'avais été dans l'île pendant un an. Je divisai cet an en semaines, et je pris le septième de chacune pour mon dimanche ; il est pourtant vrai qu'à la fin de mon calcul je trouvai un ou deux jours de mécompte.

Peu de tems après ceci, je m'aperçus que mon encre me manquerait bientôt. C'est pourquoi je fus obligé de la ménager extrêmement, me contentant d'écrire les circonstances les plus remarquables de ma vie, sans faire un détail journalier des autres choses.

Je m'apercevais déjà de la régularité des saisons, je ne me laissais plus surprendre ni par la pluvieuse, ni par la sèche ; et je savais me pourvoir et pour l'une et pour l'autre. Mais avant d'acquérir une telle expérience, j'avais été obligé d'en faire les frais, et l'essai que je vais rapporter était un des plus chers auxquels j'en fusse venu. J'ai dit ci-dessus, que j'avais conservé le peu d'orge et de riz qui avait crû d'une manière inattendue, et où je m'imaginais trouver du miracle ; il pouvait bien y avoir trente épis de riz et vingt d'orge ; or, je croyais que c'était le tems propre à semer ces grains, parce que les pluies étaient passées, et que le soleil était parvenu au midi de la ligne.

Conformément à ce dessein, je cultivai une pièce de terre le mieux qu'il me fut possible, avec une pelle de bois ; et après l'avoir partagée en deux parts, je semai mon grain. Mais tandis que j'étais à semer, il me vint en pensée que je ferais bien de ne pas tout employer cette première fois, parce que je ne savais quelle saison était la plus propre pour les semailles ; c'est pourquoi je risquai environ les deux tiers de mon grain, réservant à peu près une poignée de chaque sorte.

Je me sus bon gré dans la suite de m'y être pris avec cette précaution. De tout ce que j'avais semé, il n'y en eut pas un seul grain qui crût à point de maturité, parce qu'aux mois suivans, qui composaient la saison sèche, la terre n'ayant aucune pluie après avoir reçu la semence, elle manquait aussi de l'humidité nécessaire pour la faire germer, et ne produisit rien du tout, jusqu'à ce que la saison pluvieuse étant revenue elle poussa de faibles tiges qui périrent.

Voyant que ma première semence ne croissait point, et devinant aisément qu'il n'en fallait pas demander d'autre cause que la sécheresse, je cherchai un autre champ pour faire un autre essai. Je fouis donc une pièce de terre près de ma nouvelle métairie, et je semai le reste de mon grain en février, un peu avant l'équinoxe du printems. Cette semence ayant les mois de mars et d'avril pour être humectée, poussa fort heureusement, et fournit la plus belle récolte que je pusse attendre ; mais comme cette seconde semaille n'était plus qu'un reste de la première et que ne l'osant toute risquer, j'en avais épargné pour une troisième, elle ne donna qu'une petite moisson, laquelle pouvait monter à deux picotins, l'un de riz, l'autre d'orge.

Mais l'expérience que je venais de faire me rendit maître consommé dans cette affaire, m'apprenant précisément quand il fallait semer, et qu'aussi je pouvais faire deux semailles et recueillir deux moissons.

Pendant que mon blé croissait, je fis une découverte, dont je sus bien profiter. Dès que les pluies furent passées, et que le tems commença à se mettre au beau, ce qui arriva environ le mois de novembre, j'allai faire un tour à ma maison de campagne, où, après une absence de quelques mois, je trouvai les choses dans le même état où je les avais laissées, et même en quelque façon améliorées. Le cercle ou la double haie que j'avais formée, était non seulement entière; mais encore les pieux que j'avais faits avec des branches d'arbres que j'avais coupées là autour, avaient tous poussé et produit de longues branches, comme auraient pu faire des saules, qui repoussent généralement la première année après qu'on les a élagués depuis la cime du tronc. Mais je ne vous saurais dire comment appeler ces arbres dont les branches m'avaient fourni des pieux. J'étais bien étonné de voir croître ces jeunes plantes; je les taillai et les cultivai de façon qu'elles pussent toutes venir au même niveau, s'il était possible. Vous ne sauriez croire combien elles prospérèrent, ni la belle figure qu'elles faisaient au bout de trois ans; puisque, encore que mon enceinte eût environ vingt-cinq verges de diamètre, néanmoins elles la couvrirent bientôt toute entière, et firent enfin un ombrage si épais, qu'on aurait pu loger dessous durant toute la saison sèche.

Ceci me fit résoudre à couper encore d'autres pieux de la même espèce, et à en faire une haie en forme de demi-cercle, pour enformer ma muraille, j'entends celle de ma première demeure; et c'est aussi ce que j'exécutai, car ayant planté un double rang de ces pieux, qui devenaient des arbres à la distance d'environ huit verges de ma vieille palissade, ils crûrent bien vite, et servirent premièrement de couverture pour mon habitation, et dans la suite même de rempart et de défense, comme je le raconterai en son lieu.

Je trouvai dès-lors qu'on pouvait en général diviser les saisons de l'année, non pas en été et en hiver comme en Europe, mais en tems de pluie et de sécheresse, qui, se succédant alternativement deux fois l'un à l'autre, occupant ordinairement les mois de l'année selon l'ordre suivant :

La moitié de février. . Mars. . . . . La moitié d'avril. . . .	*Tems de pluie, le soleil étant dans l'équinoxe ou bien proche.*
La moitié d'avril. . . . Mai. . . . . Juin. . . . . Juillet. . . . . La moitié d'août. . . .	*Tems sec, le soleil étant alors au nord de la ligne.*
La moitié d'août. . . . Septembre. . . . . La moitié d'octobre. . .	*Tems de pluie, le soleil étant retourné au voisinage de l'équinoxe.*
La moitié d'octobre. . . Novembre. . . . . Décembre. . . . . Janvier. . . . . La moitié de février. . .	*Tems sec. le soleil étant au sud de la ligne.*

Voilà le traint ordinaire des saisons, quoiqu'à la vérité il souffrit quelques altérations de tems en tems, parce que la pluie durait plus ou moins long-tems, selon la qualité et la violence des vents qui soufflaient. J'ai déjà dit que j'avais appris à mes dépens combien les pluies étaient contraires à la santé, et c'est à cause de cela que je faisais toutes mes provisions par avance, de crainte d'être obligé d'aller dehors pendant les mois pluvieux. Mais il ne faut pas s'imaginer que je fusse oisif dans ma retraite. J'y trouvais assez d'occupations, et je m'auquais encore d'une infinité de chose, dont je ne pouvais me pourvoir que par un travail rude et une application continuelle. Par exemple, je me voulus fabriquer un panier : je m'y pris de plusieurs manières ; mais toujours les verges que j'employais pour cela étaient si aisées à casser, que je n'en pouvais rien faire. J'eus lieu, dans cette conjoncture, de me savoir bon gré de ce qu'étant encore petit garçon, je m'étais fait un plaisir sensible de fréquenter la boutique d'un vannier, qui travaillait dans la ville où mon père faisait son domicile, et de lui voir faire ses ouvrages d'osier. Semblable à la plupart des enfans, je lui rendais de petit services : je remarquais soigneusement la manière dont il travaillait ; je mettais quelquefois la main à l'œuvre ; et enfin j'avais acquis une plaine connaissance de la méthode ordinaire de cet art. Il ne manquait plus que des matériaux, lorsqu'il me vint dans l'esprit que les menues branches de l'arbre sur lequel j'avais coupé mes pieux qui avaient poussé, pourraient bien être aussi flexibles que celles du saule ou de l'osier d'Angleterre ; et je résolus de l'essayer.

Dans ce dessein, je m'en allait le lendemain à ma maison de campagne, et ayant coupé quelques verges de l'arbre dont je viens de parler, je les trouvai aussi propres que je le pouvais souhaiter pour ce que je voulais faire. Ainsi je retournai bientôt après avec une hache, pour couper une grande quantité de ces menues branches ; ce que je n'eusse point de peine à faire, parce que l'arbre qui les produit était fort commun dans ce canton. Je les plaçai et les étendis dans mon enclos, pour les sécher ; et dès qu'elles furent propre à mettre en œuvre, je les portai dans ma caverne, où je m'employai, pendant la saison suivante, à faire, le mieux que je pus, un bon nombre de paniers, soit pour transporter de la terre ou autre chose, soit pour serrer du fruit, ou pour d'autres usages ; et quoique je ne les achevasse pas dans la dernière perfection, ils étaient pourtant d'assez bon service pour ce à quoi je les destinais. J'eus soin, depuis ce tems-là, de ne m'en laisser jamais manquer ; et à mesure que les vieux dépérissaient, j'en faisais de nouveaux. Je m'attachai surtout à faire quelques paniers forts et profonds, pour serrer mon blé, au lieu de le mettre dans des sacs, pour le tems où je ferais une bonne récolte

Quand je fus venu à bout de cette difficulté, je mis en mouvement tous les ressorts de mon imagination pour voir s'il ne serait pas possible de suppléer au besoin extrême que j'avais de deux choses. Premièrement je manquais de vaisseaux propres à contenir des choses liquides, n'ayant que deux petits barils, dans lesquels il y avait encore actuellement beaucoup de rum, ajoutez à cela quelques bouteilles de verre médiocrement grandes, les unes carrées, les autres rondes, dans quoi il y avait de l'eau-de-vie ou autre liqueurs Je n'avais pas seulement un pot à faire cuire quoi que ce soit, excepté une grosse marmitte, que j'avais sauvée du vaisseau, mais qui, à raison de sa grandeur, n'était point propre pour faire du bouillon, ou étuver quelquefois un petit morceau de viande tout seul : la seconde chose que j'aurais bien voulu avoir, c'était une pipe à fumer du tabac ; mais cela me parut impossible pendant quelque tems, quoiqu'à la fin je trouvai une invention fort bonne pour y suppléer.

Je m'employais, tantôt à planter mon second rang de palissades, tantôt à faire des ouvrages d'osier, et j'allais ainsi passant mon été, lorsqu'une autre affaire vint me prendre une partie de mon tems, qui m'était très-précieux. J'ai dit ci-dessus que j'avais un grand désir de parcourir toute l'île ; que je m'étais avancé jusqu'à la source du ruisseau, et que de là j'avais poussé jusqu'au lieu où était située ma métairie, et d'où rien ne s'opposait à la vue jusqu'à l'autre côté de l'île et au rivage de la mer. Je voulus traverser jusque-là. Pour cet effet, je pris mon fusil, une hache et mon chien, avec cela une quantité plus qu'ordinaire de plomb et de poudre, et deux ou trois grappes de raisins, que je mis dans mon sac, et me mis en chemin. Quand j'eus traversé toute la vallée dont j'ai déjà parlé, je découvris la mer à l'ouest, et comme il faisait un tems fort clair, je vis distinctement la terre : je ne pouvais dire si c'était une île ou un continent ; mais je voyais qu'elle était très-haute, s'étendant de l'ouest à l'ouest-sud-ouest ne pouvant pas être éloignée de moins de quinze lieues.

Tout ce que je pouvais savoir de la situation de cette terre, c'est qu'elle était dans l'Amérique, et, suivant toutes les estimes que j'avais pu faire, elle devait confier avec les pays espagnols, pouvant être toute habitée par des sauvages, qui, si j'eusse abordé, m'auraient sans doute fait subir un sort plus dur que n'était le mien C'est pourquoi l'acquiesçai aisément aux dispositions de la Providence, que je reconnaissais et croyais déjà régler toutes choses pour le mieux. Cette découverte ne donna nulle atteinte à mon repos, et je me gardai bien de me tourmenter l'esprit par des souhaits impuissans.

Outre cela, quand j'eus mûrement considéré la chose je trouvai que, si cette côte faisait une partie des conquêtes espagnoles, je verrais infailliblement passer et repasser de tems à autres quelques vaisseaux ; que si au contraire je n'en voyais jamais un seul, il fallait que ce fût la côte qui separait la Nouvelle-Espagne du Brésil, et qui est une retraite de sauvages des plus cruels, puisqu'ils sont anthropophages ou mangeur d'hommes et qu'ils ne manquent point de massacrer et de dévorer tous ceux qui tombent entre leurs mains.

J'avançais tout à loisir en faisant ces réflexions Ce côté de l'île me parut tout different du mien : les paysages en étaient beaux ; les champs ou les plaines toutes verdoyantes et émaillées de fleurs, les bois hauts et touffus. Je vis quantité de perroquets ; et j'aurais bien voulu en attraper un, pour l'apprivoiser et lui apprendre à parler. Je me donnai bien du mouvement pour cela, et à la fin j'en attrapai un jeune que j'abattis d'un coup de bâton mais l'ayant relevé, j'eus soin de le mettre dans mon sein, et à force de le dorloter, je le remis et le fortifia si bien, que je l'emportai chez moi. Il se passa quelques annés avant que je le pusse faire parler ; mais enfin je lui appris à m'appeler par mon nom, d'une façon tout-à-fait familière. Il arriva dans la suite un accident, qui n'est au fond qu'une bagatelle, mais qui ne laissera pas de divertir le lecteur et que je rapporterai en sa place.

Ce voyage me donna beaucoup de plaisir : je trouvai dans les lieux bas des animaux que je premais, les uns pour des lièvres, les autres pour des renards ; mais ils avaient quelque chose de bien différent de tous ce que j'avois vus jusqu'alors, et quoique j'en tuasse plusieurs, je ne succombai point à la tentation d'en vouloir manger : aussi n'avais-je pas lieu de rien risquer du côté du manger, puisque j'en avais à foison, et d'une grande bonté, nommément ces trois choses : des boucs, des pigeons et des tortues ; à quoi ; si l'on ajoutait mes raisins, je défie tous les marchands de *Leaden Hall* de mieux fournir une table que je le pouvais faire, à proportion de la compagnie. Et si d'un côté mon état était déplorable, je devais de l'autre m'estimer fort heureux de ce que bien loin d'être réduit à la disette et à la nécessité de jeûner, je jouissais d'une parfaite abondance, assaisonnée de délicatesse.

Durant ce voyage, je ne faisais jamais plus de deux milles ou environ par jour, à prendre par le plus court ; mais je faisais tant de tours et de détours pour voir si je ne ferais point quelque belle découverte, que j'étais suffisamment las et fatigué toutes les fois que j'arrivais au lieu où je voulais choisir mon gîte pour toute la nuit ; et alors je m'allais nicher sur un arbre, ou bien je me logeais entre deux arbres, plantant un rang de pieux à chacun de mes côtés, pour me servir de barricades, ou du moins pour empêcher que les bêtes sauvages ne pussent venir sur moi, sans auparavant m'éveiller.

Dès que je fus venu au bord de la mer, mon admiration augmenta pour ce côté de l'île ; tout ce qui se présentait à ma vue me confirmait dans l'opinion où j'étais déjà, que le plus mauvais lot m'était échu en partage. Le rivage que j'habitais ne m'avait fourni que trois tortues en un an et demi, au lieu que celui que j'étais à contempler en était couvert d'un nombre innombrable : tout y fourmillait d'oiseaux de plusieurs sortes, dont les uns m'étaient connus de vue, les autres inconnus, la plupart très bons à manger sans toutefois que j'en pussent dire le nom, excepté ceux qu'on appelle dans l'Amérique *Pingouins*.

J'en aurais pu tuer autant que j'aurais voulu ; mais j'étais avare de ma poudre et de mon plomb, et je souhaitais plutôt tuer une chèvre, s'il était possible, parce qu'il y avait beaucoup plus a manger. Mais quoique cette partie de la cote fût beaucoup plus abondante en boucs que celle où j'habitais, néanmoins il était bien plus difficile de les approcher, parce que ce canton étant plat et uni, ils pouvaient m'appercevoir bien plus aisément que lorsque j'étais sur les rochers et sur les collines.

Toute charmante que fût cette contrée, je ne sentais cependant pas la moindre inclination à changer d'habitation : j'étais accoutumé à celle où je m'étais fixé dès le commencement ; et dans le tems même auquel j'admirais mes belles découvertes, il me semblait que je fusse éloigné de chez moi, et dans un pays étranger. Enfin je pris ma route le long de la cote, tirant à l'est; et je crois que je parcourus bien environ douze milles : alors je plantai une grande perche sur le rivage, pour me servir de marque, et conclus de m'en retourner au logis ; mais que la première fois que je me mettrais en chemin pour faire un autre voyage, je prendrais à l'est de mon domicile et qu'ainsi je ferais le tour jusqu'à ce que je parvinsse à ma marque.

Je pris, pour m'en retourner, un autre chemin que celui par où jétais venu, croyant que je pourrais aisément avoir l'aspect de toute l'ile, et que je ne pourrais pas manquer, en jetant la vue çà et là, de trouver mon ancienne demeure. Mais je me trompais dans ce raisonnement ; car, quand je me fus avancé l'espace de de deux ou trois milles dans le pays, je me trouvai dans une vallée spacieuse, mais environnée de collines tellement couvertes de bois, que je ne pouvais à nulle enseigne deviner mon chemin, à moins que ce n'eût été au cours du soleil ; encore aurait-il fallu pour cela que je susse la position de cet astre ou l'heure du jour.

Il arriva, pour surcroit d'infortune, qu'il fit un tems sombre durant trois ou quatre jours que je séjournai dans cette vallée. Comme je ne pouvais point voir le soleil tout ce tems là, j'eus le déplaisir d'y être errant et vagabond, et de me voir enfin obligé de gagner le bord de la mer, où je cherchai ma perche, et d'enfiler le même chemin que j'avais déjà fait. Ainsi je m'en retournai au logis à petites journées, supportant et le poids de la chaleur qui était excessive, et celui de mon fusil, de ma munition, de ma hache et d'autres provisions

Mon chien, dans cette caravane, surprit un jeune chevreau et le saisit : j'accourus d'abord, et fus assez diligent pour sauver ce petit animal de la gueule du chien, et le prendre tout en vie. Je souhaitais passionnément de le transporter au logis s'il était possible ; car j'avais souvent ruminé s'il n'y avait pas moyen de prendre une couple de ses jeunes animaux, et de les nourrir pour former un troupeau de bouc privés, lequel ; au défaut de ma poudre et de mon plond, pourrait un jour subvenir à ma nourriture.

Je fis un collier pour cette petite bête, que je lui mis autour du cou, et avec une corde que j'y attachai je le menai à ma suite. Ce ne fus pas sans peine que je m'en fis suivre jusqu'à ma métairie ; mais quand j'y fus arrivé, je l'y enfermai et le laissai là ; car il me tardait bien d'être de retour, et de me revoir chez moi après un mois d'absence.

On ne saurait croire quelle satisfaction ce fut pour moi de revoir mon ancien foyer, et de reposer mes membres dans mon lit suspendu. Le voyage que je venais de faire, sans tenir de route certaine pendant le jour, sans avoir de retraite assurée pour la nuit, m'avait si fort lassé sur sa fin, que ma vieille maison me paraissait après cela comme un établissement parfait où rien ne manquait. Tout ce qui était autour de moi m'enchantait, et je résolus de ne plus jamais m'éloigner pour un tems considérable, tant que ma destinée me retiendrait dans l'île.

Je gardai la maison pendant une semaine pour goûter les douceurs du repos, et pour me refaire de mon long voyage. Cependant une affaire de grande conséquence m'occupait sérieusement ; c'était une cage que je faisais pour mon perroquet : il commençait déjà à être de la famille, et nous nous connaissions parfaitement lui et moi. Ensuite je pensai au pauvre chevreau que j'avais enfermé dans l'enceinte de ma métairie, et je trouvai bon de l'aller chercher, ou du moins de lui porter à manger. Quand il eut mangé, je l'attachai comme la première fois, et je me mis à l'emmener. La faim qu'il avait soufferte l'avait si fort maté et rendu si souple, qu'il me suivait comme un chien, et j'aurais pu me dispenser de le tenir attaché. J'en pris un soin particulier, ne cessant de lui donner à manger, et de le caresser tous les jours. En peu de tems il devint si familier, si gentil, si caressant, qu'il ne voulut jamais me quitter depuis, et fut agrégé au nombre de mes autres domestiques.

La saison pluvieuse de l'équinoxe d'automne était revenue. Le 30 *septembre* étant l'anniversaire de mon abord dans l'île où j'étais depuis deux ans, et d'où je n'avais pas plus d'espérance d'en sortir que le premier jour que j'y avais passé, je l'observai d'une manière aussi solennelle que je l'avais fait l'année précédente. Je m'occupai tout le jour à m'humilier devant Dieu, et à reconnaître sa miséricorde infinie; qui voulait bien donner à ma vie solitaire des adoucissemens, sans lesquels elle m'aurait été insupportable. Je remerciais humblement et de bon cœur sa divine Providence, de s'être manifestée à moi, et de m'avoir fait connaître que, dans cette solitude, je pouvais être heureux, et même plus heureux que dans une vie libre, où j'aurais à souhait les plaisirs du monde et de la société; de ce qu'il me dedommageait abondamment des maux que je souffrais, et qu'il suppléait aux biens qui me manquaient par la présence, par la communication de sa grâce, m'assistant, me consolant, m'encourageant à attendre sa protection pour la vie présente, et une félicité sans bornes pour celle à venir.

C'est alors que je reconnus plus sensiblement que je n'avais encore fait, que la vie que je menais était, avec ses circonstances, plus heureuse que non pas celle que j'avais menée pendant tout le cours de ma vie passée, durant laquelle je m'étais abandonné à toutes sortes de méchancetés et d abominations Mes chagrins et ma joie commençaient à changer d'objets : je concevais d'autres désirs et d'autres affections; je faisais mes délices de choses toutes nouvelles, et différentes de celles qui m'auraient charmé au commencement de mon séjour dans l'île, pour ne pas dire depuis le tems que j'y étais.

Autrefois, quand j'allais chasser ou visiter la campagne, j'étais sujet à tomber dans des angoisses, à la vue de ma condition, et à me pâmer subitement de douleur lorsque je considérais les forêts, les montagnes et les déserts, où, sans compagnon et sans ressource, je me voyais renfermé par les barrières éternelles de l'Océan. Ces pensées me surprenaient souvent au milieu de mon plus grand calme; comme un orage, elles me jetaient dans le trouble et le désordre, me faisaient entrelacer mes mains l'une dans l'autre, et pleurer comme un enfant. Quelquefois ces mouvemens me prenaient au milieu de mon travail : alors je m'asseyais tout aussitôt, soupirant amèrement, les yeux attachés à la terre durant deux ou trois heures de suite ; et cela empiroit ma condition ; car, si j'avais pu donner cours à mes larmes et exhaler ma douleur en paroles et en plaintes, j'aurais soulagé la nature, en la déchargeant par-là d'un pesant fardeau.

Mais à cette heure mon esprit se repaissait d'autres choses : la parole de Dieu avait part à mes occupations journalières, et de cette source émanaient toutes les consolations dont mon état présent avait besoin. Un matin que j'étais fort triste, je pris la bible, et, à l'ouverture du livre, je lus ces paroles : *Non, non, je ne te délaisserai ni ne t'abandonnerai jamais.* Il me sembla d'abord que ces paroles s'adressaient à moi, et je ne voyais pas autrement que de telles paroles pussent être tirées d'un volume immense, et à point nommé, dans le tems que je déplorais mon sort comme une personne abandonnée de Dieu et des hommes. « Eh bien ! dis-je alors, si Dieu ne me dé-« laisse point, que m'importe-t il que tout le monde « me délaisse ou non, puisque, d'un autre côté, si je « possédais tout le monde et que je vinsse à perdre la « faveur et la grâce de Dieu, mon gain, hélas ! serait « un néant, et ma perte irréparable ? »

Dès ce moment-là je conclus en moi-même qu'il était possible que je vécusse plus heureux dans cet état de solitude que je ne ferais probablement dans le commerce du monde, et dans quelque profession que ce pût être. Dans la chaleur de cette réflexion, j'allai me disposer à rendre grâce à Dieu, comme d'un bienfait singulier, de m'avoir bien voulu amener en un tel lieu.

Mais je ne sais quelle puissance secrète vint heurter ma conscience, qui me retint et m'ôta la hardiesse de proférer les paroles que j'avais préméditées, pour me mettre dans la bouche cette apostrophe, que je me fis à moi même à haute voix : « Quoi donc! serais je « assez hypocrite pour prétendre remercier Dieu d'une « chose à laquelle je puis tout au plus me soumettre « et me résigner, mais dont je le prierais volontiers « de vouloir bien me délivrer ? Il faut donc corriger » un mouvement peu réglé, et ramener la chose à un « juste milieu. Je ne puis pas témoigner de la recon-« naissance d'être ici, il est vrai ; mais je puis rendre « mes très-humbles actions de grâces à la Providence, « de ce qu'il lui a plu m'ouvrir les yeux par la voie « des afflictions, pour me découvrir la turpitude de « ma vie passée, pour me faire détester ma méchan-« ceté, et pour me conduire dans les sentiers de la « pénitence. » Je n'ouvrais jamais la bible ni ne la fermais sans bénir ardemment le ciel d'avoir autrefois inspiré à mon ami, qui était en Angleterre, et à qui je n'en avais rien mandé, d'empaqueter ce saint livre dans mes marchandises, et de ce que depuis j'avais eu le bonheur de le sauver du naufrage.

J'étais dans cette disposition d'esprit quand je commençai ma troisième année ; et quoique je ne veuille pas importuner le lecteur par une relation aussi exacte de mes travaux durant cette année que de ceux de la première, néanmoins je lui ferai observer en général que je fus rarement oisif, mais que je partageais mon tems en autant de parties que je m'étais obligé de vaquer à différentes fonctions : telles étaient premièrement le service de Dieu, et la lecture de l'écriture sainte, à laquelle je vaquois régulièrement, et quelquefois trois fois par jour ; secondement, les courses que je faisais avec mon fusil pour tuer de quoi manger, lesquelles duraient ordinairement trois heures, lorsqu'il ne pleuvait pas ; en troisième lieu, les soins qu'il fallait que je me donnasse pour apprêter, pour cuire ce que j'avais tué, ou bien pour le conserver et en faire provision, ce qui m'occupait une bonne partie de la journée. Outre cela, il faut remarquer que, pendant tout le tems que le soleil était dans son apogée ou dans le voisinage de ce point, les chaleurs étaient si excessives, qu'il n'était pas praticable de sortir; ainsi on doit supposer que je ne pouvais pas avoir plus de trois ou quatre heures l'après-dîné, avec cette exception cependant, que quelquefois je diversifiais mes joures de chasse par celles du travail; en sorte que je travaillais le matin, et sortais avec mon fusil sur le tard.

A cette brièveté du tems destiné pour le travail, je vous prie d'ajouter la pénible difficulté de ce même travail, et les heures que le manque d'outils, de commodités, d'habileté, m'obligeait souvent de retrancher de mes autres occupations pour faire la moindre chose. Je vous dirai, pour preuve de cela, que je fus quarante-deux jours entiers à fabriquer une planche pour me servir de tablette dans ma caverne, au lieu que deux scieurs, avec leurs outils et un atelier convenable, en auraient fait six d'un seul tronc, en une journée.

Voici, par exemple, comme je m'y prenais. J'allais dans les bois me choisir un gros arbre, parce que la planche devait être large. J'étais trois jours à couper cet arbre par le pied, et deux autres à l'ébranler et à le réduire à une pièce de merrain. A force de hacher, de trancher et de charpenter, j'en réduisis les deux côtés en copeaux, jusqu'à ne lui laisser que trois pouces d'épaisseur. Il n'y a personne qui ne convienne avec moi qu'un tel ouvrage devait être un rude exercice pour mes mains; mais le travail et la patience m'en firent venir à bout comme de bien d'autres choses. J'ai seulement été bien aise de vous mettre devant les yeux cette particularité, pour montrer en même tems la raison pourquoi tant de tems se consommait en de si petites choses, et qu'en effet tel ouvrage n'est qu'une bagatelle et un jeu quand on a de l'assistance et des outils, qui sans ces deux choses tiendrait un tems et un travail infini.

Mais je le répéterai encore une fois, le travail et la patience réparaient toutes les brèches, suppléaient à tous mes besoins, et me fournissait copieusement tout ce qui m'était nécessaire. C'est ce qui paraîtra clairement dans la suite de mon récit.

Le mois de novembre étant venu, j'attendais ma récolte d'orge et de riz. Le terrain que j'avais cultivé pour recevoir ces grains n'était pas grand. la quantité que j'avais semée de chaque espèce ne montait pas, comme j'ai déjà remarqué, à plus d'un demi-picotin, parce que j'avais perdu le fruit d'une saison, pour avoir semé pendant la sécheresse. Mais pour le présent je me promettais une bonne récolte, lorsque je m'aperçus tout d'un coup que je serais en danger de tout perdre et de me la voir enlever par des ennemis de plusieurs sortes, dont il n'était presque pas possible de défendre mon champ. Les premières hostilités furent commises par les boucs, et ces autres animaux auxquels j'ai donné ci-dessus le nom de lièvres, qui tous ayant goûté la saveur du blé en herbe, y demeuraient campés nuit et jour, le mangeant à mesure qu'il poussait, et cela si près du pied, qu'il était impossible qu'il eût le tems de se former en épis.

Je ne vis point d'autre remède à ce mal, que de fermer mon blé d'une haie qui régnât tout à l'entour. Je le fis avec beaucoup de peine, d'autant plus que la chose était pressée et demandait une grande diligence. Cependant, comme la terre labourée était proportionnée à la semence que j'y avais mise, et par conséquent de petite étendue, je l'eus close et mise hors d'insulte dans trois semaines de tems environ. Et pour mieux donner la chasse à ces maraudeurs, j'en tirais quelques-uns pendant le jour, et leur opposais mon chien pendant la nuit, le laissant attaché à un poteau justement à l'entrée de mon enclos, d'où il s'élançait çà et là, aboyant continuellement de toutes ses forces. De cette manière, les ennemis furent obligés d'abandonner la place, et bientôt je vis mon blé croître et mûrir à vue d'œil.

Mais si les bêtes fauves avaient fait du dégât dans ma moisson, dès qu'elle avait été en herbe, les oiseaux la menacèrent d'une ruine entière au moment où elle parut couronnée d'épis ; car me promenant un jour le long de la haie, pour voir comment mon blé s'avançait, je vis que la place était entourée d'une multitude d'oiseaux, de je ne sais combien de sortes, qui étaient aux aguets et n'attendaient pour faire la picorée que le moment auquel je serais parti. Je fis une décharge sur eux, car je n'allais jamais sans mon fusil. Dès que le coup fut tiré, vous auriez vu dans l'air une épaisse nuée d'oiseaux que je n'avais point remarqués, et qui s'étaient tenus cachés au fond du blé.

Ce spectacle fut pour moi bien douloureux, car il me présageait la dissipation de mes espérances, la disette où j'allais tomber, la perte totale de ma récolte ; et, ce qu'il y avait de pis, c'est qu'en prévoyant ce malheur, je ne savais pas encore comment le prévenir. Toutefois je résolus de ne rien oublier pour sauver mon grain, et de faire même sentinelle nuit et jour s'il était besoin. Avant toutes choses, je me portai sur les lieux pour voir le dommage qui m'avait été fait. Ces harpies avaient, à la vérité, fait du dégât, mais non pas aussi considérablement que je m'y étais attendu ; la verdeur des épis avait tempéré leur avidité ; et si je pouvais sauver les restes, ils me promettaient encore une bonne et abondante moisson.

Je restai là quelques momens pour recharger mon fusil ; après quoi, me retirant un peu à l'écart, rien ne me fut plus aisé que de voir mes voleurs postés en embuscade sur tous les arbres d'alentour, comme s'ils m'épiaient, pour faire leur irruption, que l'heure de mon départ. L'événement ne me permit point d'en-

douter : je m'éloignai de quelques pas, comme pour m'en aller tout-à-fait. A peine avais-je disparu qu'ils descendirent de rechef l'un après l'autre dans le champ de blé. J'en fus si irrité, que je n'attendis pas qu'ils y fussent assemblés en un plus grand nombre, d'autant plus qu'il me semblait qu'on me rongeait les entrailles, et que chaque grain qu'ils avalaient me coûtait bien la valeur d'un pain entier. Je m'avançai donc aussitôt près de la haie, tirai sur eux un second coup, et j'en tuai trois. C'était justement ce que je souhaitais passionnément, car je les ramassai d'abord pour rendre leur punition exemplaire, et les traiter comme on fait des insignes voleurs, que l'on condamne à rester attachés au gibet après leur exécution, pour donner de la terreur aux autres. Il n'est presque pas possible de s'imaginer quel bon effet cela produisit. Les oiseaux, depuis ce tems-là, non-seulement ne venaient pas dans mon blé, mais encore ils abandonnèrent tout ce canton de l'île, et je n'en vis plus aucun dans le voisinage tout le tems que demeura l'épouvantail. J'en eus une joie extrême, vous pouvez bien croire, et je fis ma récolte sur la fin de décembre, qui est, dans ce climat, la saison propre pour la seconde moisson.

Avant de commencer cette corvée, je n'étais pas peu intrigué pour savoir comment je suppléerais à une faucille, car il m'en fallait une pour couper le blé. Je n'eus pas d'autre parti à prendre que de m'en fabriquer une du mieux que je pus, avec un des sabres ou des coutelas que j'avais sauvés parmi les autres armes dans le vaisseau. Comme ma récolte avait été peu de chose, celle-ci me coûta moins de peine à recueillir. D'ailleurs je n'y cherchai pas d'autre façon que des épis seuls, et ensuite je les égrenai entre mes mains. Ma moisson étant achevée, je trouvai que de mon demi-picotin que j'avais semé ; il m'était provenu près de deux boisseaux et demi d'orge ; du moins autant que je pouvais conjecturer, parce que je n'avais alors aucune mesure.

Cette récolte ne laissa pas de me donner beaucoup de courage; c'en était assez pour me faire connaître que la divine Providence voudrait bien un jour ne me pas laisser manquer de pain; néanmoins je me voyais encore dans un grand embarras, car je ne savais ni comment moudre ce grain pour en faire du pain, ni comment cuire ce pain quand même je serais parvenu à le pétrir. Toutes ces difficultés, jointes au désir que j'avais d'amasser une bonne quantité de provisions, et d'avoir par-devers moi un grenier qui m'assurât du pain pour l'avenir, m'engageaient à ne point tâter de cette récolte, mais de la conserver et de l'employer toute entière en semence la saison prochaine. En attendant, je voulus mettre toute mon industrie et toutes les heures de mon travail à exécuter le grand dessein que j'avais de perfectionner l'art de labourer, aussi bien que celui de jouir avec usure des fruits de mon labourage.

Je pouvais bien dire alors dans un sens propre et littéral, que je travaillais pour ma vie. Mais c'est une chose étonnante, et à laquelle je ne crois pas que beaucoup de gens fassent réflexion, que les préparatifs qu'il faut faire, le travail qu'il faut subir, les formes différentes qu'il faut donner à son ouvrage, avant de pouvoir produire dans sa perfection ce qu'on appelle un morceau de pain.

C'est ce que je reconnus à mon grand dommage, moi qui étais réduit à un état de pure nature, et chaque jour aidait à m'en convaincre de plus en plus, même depuis que j'eus recueilli le peu de blé qui avait crû d'une manière si extraordinaire et si inattendue au pieds du rocher.

Premièrement je n'avais point de charrue pour labourer la terre, point de bêche pour la fouir. Il est vrai que je suppléai à cela en me faisant une pelle de bois, dont j'ai déjà parlé; mais aussi, dans mon ouvrage, reconnaissait-on aisément l'imperfection de cet outil. Et quoiqu'il m'eût coûté plusieurs jours à faire, néanmoins, comme il n'était point garni de fer tout autour, non-seulement il s'usa promptement, mais encore cela était cause que j'en faisais mon ouvrage avec plus de difficulté et moins de succès.

Mais je me résignais à tout cela et supportais avec une patience égale, et la difficulté du travail et le peu de succès dont il était suivi. Après que mon blé était semé, j'aurais eu besoin d'une herse ; mais n'en ayant point, je me voyais obligé de passer par-dessus ma terre une grosse branche d'arbre que je traînais derrière moi, avec laquelle je grattais, pour ainsi dire, plutôt que je ne hersais.

Quand mon grain était en herbe, ou en épis, ou en maturité, de combien de choses n'avais-je pas besoin, comme je l'ai déjà insinué, pour le fermer d'un enclos, en écarter les bêtes et les oiseaux, le faucher, le sécher, le voiturer, le battre, le vanner et le serrer ! après cela, il me fallait un moulin pour moudre, un tamis pour passer la farine, un levain et du sel pour faire fermenter, un four pour cuire mon pain. Voilà bien des instrumens d'un côté, et de l'autre bien des ouvrages différens : je ferai pourtant voir que tous ceux-là me manquèrent, et que je ne manquai à aucun de ceux-ci. Mon blé m'exerçait beaucoup ; mais aussi il m'était d'un grand secours, et je le regardais comme le plus précieux de tous mes biens. Cependant, tant de choses à faire et tant d'autres dont j'avais un besoin extrême, m'auraient fait perdre patience, si ce n'eût été qu'il n'y avait point de remède à cela : d'ailleurs, la perte de mon tems ne devait pas tant me tenir au cœur, parce que de la manière dont je l'avais divisé, il y avait une certaine partie du jour affectée à ces sortes d'ouvrages ; et comme je ne voulais employer aucune portion de mon blé à faire du pain jusqu'à ce que j'en eusse une plus grande provision, j'avais par-devers moi les six mois prochains pour tâcher de me fournir, par mon travail et par mon industrie, de tous les ustensiles propre à tourner à profit les grains que je recueillerais.

Mais auparavant il me fallait préparer un plus grand espace de terre, parce que j'avais déjà une assez bonne quantité de semence pour ensemencer plus d'un arpent. Je ne pouvais préparer la terre sans me faire une bêche. C'est aussi par où je commençai, et il ne se passa pas moins d'une semaine entière avant que je l'eusse achevée; encore était-elle fort rude et mal figurée; en sorte que mon ouvrage en devint une fois plus pénible. Mais tout cela ne fut point capable de me décourager, ni de m'empêcher de passer outre; et enfin je jetai ma semence en deux pièces de terre plates et unies, les plus proches de ma maison que je pusse trouver; je les entourai d'une bonne haie. Cette haie était composée du même bois que celle de ma maison: ainsi je savais qu'elle croîtrait, et que dans un an de tems elle formerait une haie vive, qui ne demanderait que peu de réparations. Cet ouvrage m'occupa bien durant trois mois, parce qu'une partie de ce tems était la saison pluvieuse, qui ne me permettait de sortir que rarement.

Pendant tous le tems que j'étais confiné dans ma maison par la continuation des pluies, je m'occupai de la manière que je raconterai tout à l'heure; mais en même tems que je travaillais, je ne laissais pas de m'amuser à parler à mon perroquet; ainsi il apprit à parler lui-même, et à dire son nom et son surnom, qui étaient *perroquet mignon*, et qui furent aussi les premières paroles que j'eusse entendu prononcer dans l'île par d'autre bouche que la mienne. Ce petit animal me servait de compagnon dans mon travail, et les entretiens que j'avais avec lui me délaissaient souvent dans mes occupations, qui étaient graves et importantes, comme vous l'allez voir. Il y avait déjà long-tems que je considérais à part moi, si je ne pourrais point me faire quelques vaisseaux de terre, parce que j'en avais un besoin extrême ; mais j'ignorais la méthode qu'il fallait prendre pour pourvoir à ce besoin. Néanmoins quand je considérais la chaleur du climat, je ne doutais presque pas que si je pouvais seulement trouver de l'argile propre, je ne pusse former un pot; lequel étant séché au soleil, serait assez dur et assez fort pour être manié et pour y mettre des choses qui seraient sèches de leur nature, et qui voudraient être tenues telles : et comme je m'attendais bientôt à avoir une assez grande quantité de blé; de farine et autres choses, je me proposais aussi de les serrer de la manière que je viens de dire ; et pour cet effet, je résolus de me façonner quelques pots, mais de les faire aussi grands qu'il me serait possible, afin qu'ils se pussent tenir fermés comme des jarres, et qu'ils fussent tout prêts à recevoir les différentes choses que je voulais mettre dedans.

Le lecteur aurait pitié de moi, ou plutôt il s'en-tirait, si je lui disais de combien de manières bizarres je m'y pris pour former une matière ; combien étrange et difforme fut la figure donnée à mes ouvrages, qui tombèrent par morceaux, les uns en dedans, les autres en dehors, parce que l'argile n'était pas assez ferme pour soutenir son propre poids; combien qui se fêlèrent à la trop grande ardeur du soleil, pour y avoir été exposés trop précipitamment; combien enfin se brisèrent en les changeant de place, et avant qu'ils fussent secs, et après qu'ils le furent! tellement que quand je me fus donné bien de la peine pour apprêter ma matière, pour la mettre en œuvre, je ne pus pas faire plus de deux vastes et vilaines machines de terre que je n'oserais appeler jarres, mais qui me coûtèrent pourtant près de deux mois de travail.

Néanmoins, comme ces deux vases s'étaient bien cuits et durcis au soleil, je les soulevai adroitement et les mis dans deux grands paniers d'osier que j'avais faits exprès, pour les empêcher de casser, et comme il y avait du vide entre le pot et le panier, je le remplis tout-à-fait avec de la paille de riz et d'orge, comptant que ces deux pots se tiendraient toujours secs, que j'y pourrais premièrement serrer mon blé, et peut-être aussi ma farine, après l'avoir moulue.

Si j'avais mal réussi dans la combinaison des grands vases, je fus assez content du succès que j'eus a en faire un bon nombre de petits, comme des pots ronds, des plats, des cruches, des terrines. L'argile prenait sous ma main toutes sortes de figures, et elle recevait du soleil une dureté surprenante.

Mais tout cela ne répondait pas encore à la fin que je m'étais proposée, qui était d'avoir un pot de terre capable de renfermer les choses liquides, et de souffrir le feu; ce que ne pouvait faire aucun des ustensiles dont j'étais déjà pourvu. Au bout de quelques tems il arriva qu'ayant un bon feu pour apprêter mes viandes, je trouvai en fourgonnant dans mon foyer, un morceau de ma vaisselle de terre, lequel était cuit, dur comme une pierre, et rouge comme une tuile. Je fus agréablement surpris de voir cela, et je dis en moi-même, qu'assurément mes pots se pourraient très-bien cuire étant entiers, puisqu'il s'en cuisait des morceaux séparés dans une si grande perfection.

Cette découverte fut cause que je me mis à considérer comment je ferais pour disposer tellement mon feu que j'y pusse cuire des pots. Je n'avais aucune idée, ni du genre de fourneau dont se servent les potiers, ni du vernis dont ils enduisent leurs vaisselle, ne sachans pas que le plomb que j'avais était bon pour cela. Mais, à tout hasard, je plaçai trois grandes cruches, sur lesquelles je mis trois pots, le tout en forme de pile, avec un gros tas de cendre par-dessus. Je fis à l'entour un feu de bois qui flambait si bien aux côtés et par-dessus, qu'en peu de tems je vis mes vases tout rouges de part en part, sans qu'il en parût aucun de fêlé. Je les laissai demeurer dans ce degré de chaleur environ cinq ou six heures, jusqu'à ce que j'en aperçus un qui n'était pas fendu à la vérité, mais qui commençait à fondre et à couler; car le gravier qui se trouva mêlé parmi l'argile, se liquéfiait par la violente ardeur du feu, et se serait tourné en verre si j'eusse continué. Ainsi, je tempérai mon brasier par degrés, jusqu'à ce que les vases commençassent à perdre un peu de leur rouge, et je fus debout toute la nuit pour avoir l'œil dessus, de peur que le feu ne s'abattit trop soudainement. A la pointe du jour je me vis enrichi de trois cruches qui étaient, je ne dirai pas belles, mais très-bonnes, et de trois autres pots de terre, aussi bien cuits qu'on le pourrait souhaiter, l'un desquels avait reçut un parfait vernis de la fonte du gravier.

Je n'ai pas besoin de dire qu'après cette expérience, je ne me laissai plus manquer d'aucun vases de terre qui me puisse être utiles. Mais je puis bien dire une chose que tout le monde n'est pas obligé de savoir, c'est que leur forme était extrêmement difforme; et c'est de quoi l'on ne s'étonnera point, si l'on considère que je n'avais aucun secours ni aucune méthode fixe pour un tel travail, me trouvant à peu près dans le cas des enfans qui font des pâtés avec de la terre grasse, ou, si vous le voulez, d'une femme qui s'érigerait en pâtissière, sans avoir jamais appris à manier la pâte.

Une chose si petite en elle-même, ne causa jamais de joie qui égalât celle que je ressentis lorsque je vis que j'avais fait un pot capable de supporter le feu Et à peine avais-je eu la patience d'attendre que mes vases fussent refroidis, lorsque j'en mis un sur le feu. avec de l'eau dedans, pour me faire bouillir de la viande, ce qui me réussit parfaitement bien; car un morceau de bouc que j'avais mis dans le pot, me fit un bouillon, quoique je manquasse de gruau et de plusieurs autres ingrédiens semblables, pour le rendre aussi perfaitement bon que je l'aurais souhaité.

La chose que je désirerai avec le plus d'ardeur après celle-là, c'était de me pourvoir d'un morceau de pierre où je pusse piler ou battre du blé ; car pour ce qui est d'un moulin, c'est une chose qui requiert taut d'art ; qu'il ne m'entra pas seulement dans l'esprit d'y pouvoir atteindre. J'étais bien intrigué pour trouver comment je suppléerais à un besoin si indispensable ; en effet, le métier de tailleur de pierres est, de tous les métiers, celui pour lequel je me sentais le moins de talent, outre que je n'avais aucun des outils qu'on y emploie. Je cherchai pendant plusieurs jours une pierre qui fût assez grosse et qui eût assez de diamètre pour la pouvoir creuser, ou pour en faire un mortier, mais je n'en trouvai aucune dans tout l'île, excepté ce que renfermait le corps des rochers, où, faute d'instrumens, je ne pouvais ni creuser, ni tailler, ni par conséquent en tirer quoi que ce soit. Ajoutez à cela que les rochers de l'île n'étaient pas d'une dureté convenable, mais d'une pierre graveleuse qui, s'émiettant aisément, n'aurait pu souffrir le coup d'un pesant pilon, et où le blé n'aurait pu se briser sans qu'il s'y mêlât beaucoup de gravier. Ainsi, ayant perdu beaucoup de tems à chercher une pierre, je désespérai d'y réussir, et pris le parti de me mettre aux champs pour trouver quelque gros billot qui fût d'un bois bien dur. C'est ce qu'il me fut aisé de trouver, et prenant le plus gros que je fusse capable de remuer, je l'arrondis, et le façonnai en dehors avec ma hache et ma doloire ; ensuite je le creusai avec un travaille infini, et y appliquant le feu, qui est le stratagème dont se servent les sauvages pour former leurs canots. Après cela, je fis un gros et pesant pilon avec le bois qu'on appelle bois de fer. Je mis à part ces préparatifs, en attendant le tems de ma seconde récolte, après laquelle je me proposais de moudre, ou plutôt de broyer mon blé pour le réduire en farine et me faire du pain.

Cette dificulté surmontée, la première qui se présentait, c'était de me faire un sas ou un tamis pour préparer ma farine, et le séparer des cosse et du son; sans quoi je ne voyais pas qu'il fût possible d'avoir du pain. La chose était si difficile en elle-même, que je n'avais presque pas le courage d'y penser; en effet, j'étais bien éloigné d'avoir les choses réquise pour faire un tamis; car il ne me fallait pas moins qu'un beau canavats ou bien quelque autre étoffe transparente, pour passer la farine. Ce fut un obstacle insurmontable pour moi, qui me retint dans l'inaction et dans l'incertitude pendant plusieurs mois. Tout ce qui me restait de toile n'était que des guenilles; j'avais, à la vérité, du poil de bouc; mais je ne savais ni comment le filer, ni le travailler au métier; et quand même je l'aurais su, il me manquait les instrumens propres. Tout ce que je pus faire pour remédier à ce mal, fut que je me rappelai enfin dans la mémoire qu'il y avait parmi les hardes de nos mariniers, que j'avais sauvées du vaisseau, quelques cravates faites de toile de coton. C'est à quoi j'eus recours, et avec quelques morceaux de cravates je me fis trois petits sas, mais assez propres pour mon travail. Je m'en servis pendant plusieurs années, et nous verrons en sa place ce que je leur substituai quand la nécessité ou l'occasion se présentèrent.

Ensuite venait la boulangerie, dont les fonctions devaient s'étendre tant à pétrir qu'à cuire au four. Mais premièrement je n'avais point de levain, et même je n'entrevoyais aucune possibilité d'acquérir une chose de cette nature; c'est pourquoi je résolus de ne m'en mettre plus en peine, et d'en rejeter jusqu'à la moindre persée. Pour ce qui est du four, mon esprit était en travail pour imaginer les moyens de m'en fabriquer un. A la fin je trouvai une invention qui repondait assez à mon dessein, et la voici. Je fis quelque vasses de terre fort larges et peu profonds; c'est-à-dire qu'ils pouvaient avoir deux bons pieds de diamètre, sans fournir plus de neuf pouces de profondeur; je les cuisis au feu comme j'avais fait les autres, et les mis ensuite à part. Or, quand je voulais enfourner mon pain, mon début était de faire un grand feu sur mon foyer qui était pavé de briques carrées, formées et mises à ma façon: j'avoue qu'elles n'étaient pas équarries selon les règle de la géométrie. Lorsque mon feu de bois était à peu près réduit en charbons au long et au larges sur mon âtre, en sorte qu'il en fut couvert tout entier, j'attendais que l'atre fut extrêmement chaud; alors j'en écartais les charbons et les cendres en les balayant bien proprement; puis je posais ma pâte que je couvrais d'abord du vase de terre dont vous avez vu la description, et autour duquel je ramassais les charbons et les cendres pour y concentrer, ou même en augmenter la chaleur. De cette manière je cuisais mes pains d'orge tout aussi bien que dans le meilleur four du monde; et non content de faire le boulanger, je tranchais encore du patissier; car je me fis plusieurs gateaux, et *poudings* de riz. A la vérité, je n'allai pas jusqu'à ce point de perfection que de faire des patés; mais quand même je l'aurais entrepris, je ne sache pas ce que j'aurais pu mettre dedans, à moins que ce ne fût de la chair de bouc ou de volatiles. Or, l'une et l'autre auraient fait triste figures dans un paté, à moins d'être duement assaisonnées.

On ne doit point s'étonner si j'avance que toutes ces choses m'occupèrent pendant la plus grande partie de la troisième année de mon séjour dans l'ile; car il es à remarquer qu'il y eut plusieurs intervalles de tems que j'employai à vaquer aux moissons et à l'agriculture. En effet, je coupai mon blé dans la même saison, le transportai au logis du mieux que je pus, en conservai les épis dans mes grands paniers, jusqu'à ce que j'eusse le loisir de les égrener entre mes mains; parce que je n'avais ni aire, ni fléau pour les battre.

Mais à présent que la quantité de mes grains augmentait, j'avais véritablement besoin d'élargir ma grange pour les loger; car mes semailles avaient été suivies d'un si grand rapport, que ma dernière récolte monta à vingt boisseaux d'orge, et tout au moins à une pareille quantité de riz; si bien que dès-lors je me voyais en état de vivre à discrétion, moi qui depuis long-tems faisais abstinence de pain, c'est-à-dire depuis que je n'avais plus de biscuit. Je voulus voire aussi quelle quantité de blé me suffirait pour une année; et si je ne pourrais pas me passer avec une seule semaille.

Tout bien considéré, je trouvai que quarante boisseaux étaient tout autant que j'en pouvais consommer dans un an. Ainsi je résolus de semer chaque année la quantité que j'avais semée la dernière fois, espérant qu'elle me fournirait du pain en assez grande abondance.

Tandis que ces choses se paissaient, vous pouvez bien vous imaginer que mes pensées roulèrent souvent sur la découverte que j'avais faite de la terre située vis-à-vis de l'île, et je ne pouvais y penser que je ne sentisse quelque secrète impulsion d'y débarquer, considérant que le pays où je me voyais était inhabité, que celui auquel j'aspirais était dans le continent, et que, de quelque nature qu'il fût, je pourrais de là passer outre, et trouver quelque moyen de m'affranchir de ma misère.

Dans tous ces raisonnemens je ne faisais point entrer en ligne de compte les dangers auxquels m'exposeraient une telle entreprise, celui entre autres de tomber entre les mains des sauvages mais des sauvages plus cruels que les tigres et les lions d'Afrique, parce que ce serait un miracle s'ils ne me massacraient point pour me dévorer. Je me ressouvenais encore d'avoir ouï dire que les habitans des côtes des Caraïbes étaient anthropophages ou mangeurs d hommes, et je savais par la latitude, que je ne pouvais pas être éloigné de ce pays-là. Supposé que ces peuples ne fussent point anthropophages, je n'en courais pas moins le danger d'en être tué s'ils venaient à m'attraper, puisque c'avait été le sort de plusieurs Européens avant moi, quoiqu'ils fussent au nombre de dix, quelquefois même de vingt personnes : à plus forte raison devais-je craindre pour moi qui me voyais seul, et incapable par conséquent de faire une longue défense. Toutes ces choses, dis-je, que j'aurais dû considérer mûrement, et qui dans la suite me firent bien faire des réflexions, ne m'entrèrent pas dans l'esprit au commencement. Mais j'étais entièrement possédé du désir de traverser la mer pour prendre terre de l'autre côté.

C'est alors que je regrettai mon garçon Xuri, et le grand bateau qui cinglait avec une voile latine ou triangulaire, et sur lequel j'avais navigué environ onze cents milles le long des cotes d'Afrique ; mais ces regrets n'aboutissaient à rien. Il me vint en pensée d'aller visiter la chaloupe de notre bâtiment, laquelle, après notre naufrage, avait été portée par la tempête bien avant sur le rivage, comme je l'ai déjà dit. Je la trouvai cette seconde fois à peu près dans la même situation, quoique un peu plus loin que la première, et elle était presque tournée sans dessus dessous, flanquée contre une longue éminence de gros sable, où la violence des vents et des flots l'avait portée et laissée tout-à-fait à sec.

Si j'avais eu quelqu'un pour m'aider à la radouber et à la lancer ensuite dans la mer, elle m'aurait bien pu servir et me porter aisément au Brésil ; mais j'aurais dû prévoir qu'il m'était impossible de la retourner et de la poser sur sa quille, que de remuer l'île. Quoiqu'il en soit, je m'en allai dans les bois, où je coupai des leviers et des rouleaux que j'apportai à l'endroit du bateau, résolue d'essayer ce que je pouvais faire, me persuadant que si je le pouvais une fois dégager de là il ne me serait pas difficile de réparer les dommages qu'il avait reçus, et d'en faire un bon bateau, avec lequel je pourrais sans crainte me hasarder sur mer.

A la vérité, je ne m'épargnai aucunement dans ce travail infructueux, et je pense que je n'y consommai pas moins de trois ou quatre semaines de tems. Mais enfin, voyant que mes forces étaient insuffisantes pour relever un si pesant fardeau, je me mis à creuser par-dessous, et à employer la voie de la sape pour le faire tomber, plaçant en même tems plusieurs pièces de bois pour le ménager tellemens dans sa chute, qu'il pût tomber sur son fond.

Mais j'eus beau faire tous mes efforts, il ne me fut pas possible de le redresser, ni même de me pouvoir gliser dessous, bien éloigné de l'avancer vers l'eau : ainsi je me vis contraint de me désister de mon petit projet ; et cependant, chose étrange ! tandis que les espérances que j'avais conçués de mon bateau s'évanouissaient, la démangeaison de m'exposer sur mer, pour gagner le continent, m'aiguillonnait de plus en plus, à mesure que la chose paraissait le moins possible.

Sur cela je me mis à faire réflexion si, sans le concours d'instrumens et de personne, il ne me serait point possible de me faire avec le tronc d'un arbre un canot ou une gondole semblable à celles que font les habitans originaires de ce pays-là. La chose me parut non-seulement praticable, mais encore facile et l'idée seule d'un tel projet, jointe à ce que je m'imaginai d'avoir plus de commodité que les Nègres et Américains pour une telle exécution ; me repaissait agréablement ; mais d'un côté je ne faisais nulle attention aux inconvéniens particuliers qui me viendraient à la traverse de plus qu'aux Américains : entre autres, par exemple, le défaut de secours de qui que ce fut pour remuer mon canot quand une fois il serait achevé, et pour le transporter à la mer; obstacle beaucoup plus difficile pour moi à surmonter, que la privation de tous les outils ne l'était pour ces sauvages car à quoi me servirait-il qu'après avoir choisi dans les bois un arbre d'une vaste grosseur, je pusse l'abattre avec un travail infini, ensuite le charpenter et façonner en dehors avec mes outils, pour lui donner la figure d'un bateau; de plus le brûler ou le tailler en dedans, pour le rendre craux et complet ? A quoi dis-je, me servirait tout cela, s'il me fallait à la fin précieusement le laisser dans l'endroit où je l'avais trouvé, faute de le pouvoir lancer à l'eau ? Mais le désir ardent de me mettre dessus pour traverser jusqu'à la terre ferme, qui paraissait de l'autre côté, captivait tellement tous mes sens, que je n'eus pas le loisir de songer une seule fois aux moyens de l'oter de dessus la terre où il était. Et sans doute qu'il m'aurait été incomparablement plus aisé de lui faire faire l'espace de quarante-cinq milles sur mer, que celui d'environ quarante-cinq brasses qu'il y avait du lieu ou il était sur terre, à celui où il aurait pu être à flot.

Je fis l'action la plus insensée qu'un homme puisse faire, à moins d'avoir perdu le sens commun, lorsque je me mis à travailler à ce bateau je m'applaudissais de former un tel dessein, sans déterminer si je serais capable de l'exécuter, non que je ne pensasse quelquefois à la difficulté de lancer mon bateau; mais c'était une matière que je n'approfondissais point, et je terminais tous mes doutes par cette solution extravagante : « Ça, ça, disais-je en moi même « faisons-le seulement, et quand une fois il sera « achevé, nous trouverons dans notre imaginative le « moyen de le mouvoir et de le mettre à flot. »

Cette méthode était diamétralement opposée aux règles du bon sens ; mais enfin mon entêtement avait pris le dessus, et je me mis à travailler. Je commençai par couper un cèdre. Je doute si le Liban (1) en fournit jamais un pareil à Salomon (2) lorsqu'il batissait le temple de Jérusalem (3). Le diamètre de cet arbre était par le bas et près du tronc, de cinq pieds et dix pouces ; de là il prenait quatre pieds et onze pouces sur la longueur de vingt-deux pieds : ensuite il allait en diminuant jusqu'au branchage. Ce ne fut pas sans un travail immense que j'abattis cet arbre ; car je fus assidu pendant vingt jours à hacher et à tailler au pied. Je fus quinze jours de plus à l'ébrancher et à en trancher le sommet vaste et spacieux, à quoi j'employai haches et bésaiguë, et tout ce que la charpenterie me pouvait fournir de plus puissant, joint à toute la vigueur dont j'étais capable. Il me coûta un mois de traval à le façonner, et à le raboter avec mesure et proportion, afin d'en faire quelque chose de semblable au dos d'un bateau, tellement qu'il put flotter droit et comme il faut. Je ne mis guère moins de trois mois à travailler le dedans et à le creuser jusques au point d'en faire une parfaite chaloupe. Je vins même à bout de ce dernier article, sans me servir du feu et d'aucune autre voie que celle du marteau, du ciseau, et d'une assiduité que rien ne pouvait ralentir, jusqu'à ce que je me visse possesseur d'un canot fort beau et assez grand pour porter vingt-six hommes

(1) *Montagne célèbre d'Asie.*
(2) *Roi des Juifs.*
(3) *Ancienne et fameuse ville d'Asie, autrefois capitale du royaume des Juifs.*

et par conséquent suffisant pour moi, et pour toute ma cargaison.

Quand jeus achevé cet ouvrage, j'en ressentis une joie extrême; et à la vérité c'était le plus grand canot, ou la plus belle gondole que j'euse jamais vue de ma vie, batie d'une seule pièce. Mais aussi je vous laisse à penser combien de rudes coups j'avais été obligé de frapper. La seule chose qui me restait à faire c'était de le mettre en mer; et s'il m'eut été possible d'excuter ce dernier point, je ne fais nul doute que j'aurais entrepris le voyage du monde le plus long, et où il y aurait eu le moins d'apparence de pouvoir réussir.

Mais toutes les mesures que je pris pour le lancer à l'eau, avortèrent, quoique après m'avoir coûté un travail infini. Il n'était cependant pas éloigné de la mer de plus de deux cents verges; mais le premier inconvénient qui m'arrêtait, c'est qu'il y avait une éminence sur mon chemin de là à la bàie. Cet obstacle ne m'arrêta point; je résolus de le lever entièrement avec la bêche, et même de faire tant que de réduire la hauteur en pente. J'entrepris la chose, et je ne saurais dire combien je me fatiguai prodigieusement pour cela; il ne fallait pas avoir en vue un trésor moins précieux que celui de ma liberté, pour me soutenir dans une telle rencontre. Mais quad j'eus aplani cette difficulté, je ne m'en vis pas plus avancé; car il m'était aussi impossible de remuer ce canot-ci, que l'autre bateau dont j'ai déjà parlé.

Alors je mesurai la longueur du terrain, et formai le projet de creuser un bassin ou un canal pour faire venir la mer jusqu'à mon canot, puisque je ne pouvais pas faira aller mon canot jusqu'à la mer. Je commençai l'ouvrage sans délai, et, dès le commencement venant à calculer quelle en devait être la profondeur, quelle largeur, et quelle serait ma méthode pour le vider, je trouvai qu'avec toutes les aides que je pouvais avoir ; et que je ne devais pas aller chercher hors de moi-même, il me faudrait bien dix ou douze ans de peine de travail avant de l'avoir achevé ; car le terrain était si élevé, que mon bassin projeté aurait dû être profond de vingt-deux pieds pour le moins, dans l'endroit le plus distant de la mer. Ainsi je me désistai encore de ce projet, quoique avec bien de la répugnance.

Cela me donna un chagrin sensible, et me fit sentir, mais un peu trop tard, quelle folie il y a à entreprendre un ouvrage avant d'en avoir calculé les frais, et sans peser avec justesse si les difficultés qui se rencontrent dans l'exécution ne sont pas au dessus de nos forces.

Au milieu de cette dernière entreprise, je finis la quatrième année de mon séjour dans l'île, et j'en célébrai l'anniversaire avec la même dévotion et avec autant de consolation que j'avais fait les années précédentes ; car, par une étude constante de la parole de Dieu, par l'application que j'en faisais à moi et à ma condition, par le secours de la grâce, j'acquis une science différente de celle que je possédais auparavant : déjà je m'entretenais de toutes autres notions des choses. Je regardais le monde comme une terre étrangère, où il n'était rien qui pût être l'objet de mes espérances non plus que de mes désirs ; en effets je n'avais plus de commerce avec ce monde, et, selon toutes les apparences, je n'en devais jamais plus avoir. Il me semblait que je le pouvais regarder dès-lors comme nous le regaderons peut-ête en l'autre monde, je veux dire comme un lieu où j'avais autrefois vécu, mais d'où j'étais sorti ; et véritablement je pouvais bien dire ce que Abraham disait au mauvais riche, dans la parabole de l'Evangile : *Il y a un abîme de séparation entre toi et moi.*

En premier lieu, je croyais me pouvoir féliciter à bon droit de ce qu'une puissante barrière me garantissait suffisamment des maux contagieux du siècle. Je ne redoutais ni la convoitise des yeux ni l'orgueil de la vie. Je n'avais rien à convoiter, parce que je possédais déjà toutes les choses dont j'étais actuellement capable de jouir : j'étais le seigneur du lieu ; je pouvais même, si bon me semblait, me donner le titre de roi, ou, si vous voulez d'empereur de tout le pays, car tout était soumis à ma puissance, partout j'exerçais un empire despotique ; point de rival, point de compétiteur pour me disputer le commendement ou la souveraineté ; j'aurais pu amasser des magasins de blé ; mais ils ne m'auraient été d'aucun usage, et c'est pour cela que je n'en faisais croître qu'autant que j'en avais besoin. Je pouvais avoir des tortues à discretion, mais il me suffisait d'en prendre une de tems en tems, pour fournir abondamment à mon nécessaire. J'avais assez de merrain pour construire une flotte entière ; et quand ma flotte aurait été bâtie, j'aurais pu faire d'assez copieuses vendanges pour la charger de vin et de raisins secs ; mais les choses dont je pouvais faire usage, étaient les seules qui eussent de la valeur chez moi. Il ne me manquait rien de tout ce qui était nécessaire pour ma nourriture et pour mon entretien. Eh ! de quoi m'aurait servi le surplus ? Si j'eusse tué plus de viande que je n'en pouvais manger, il l'aurait fallu abandonner au chien ou aux vers. Si j'eusse semé plus de blé que je n'en pouvais consommer, il se serait gâté. Les arbres que j'avais abattus restaient épars sur la terre pour y pourrir; car je n'avais besoin de feu que pour faire ma cuisine.

En un mot, la nature des choses et l'expériance même me convainquirent, après de justes réflexions qu'en ce monde-ci les choses ne sont bonnes par rapport à nous que suivant l'usage que nous en faisons et que nous n'en jouissons qu'autant que nous nous en servons, à la réserve néanmoins de ce que l'on peut amasser en tems et lieu pour exercer la libéralité envers les autres. Qu'on mette à la place où j'étais, par exemple, l'Harpagnon (1) du monde le plus avide ; je soutiens qu'il sera bientôt guéri de la passion d'avrice. En effet, j'avais du bien par-dessus les yeux, et je ne savais qu'en faire. Je ne pouvais rien désirer de plus, excepté seulement quelques petites bagatelles qui me manquaient et qui m'auraient été néanmoins d'un grand secours. J'ai déjà fait mention d'une somme que j'avais pardevers moi, tant en or qu'en argent, et qui montait à peu près à trente-six livres sterling. Hélas! que ce meuble était inutile pour moi! qu'il attirait peu mon attention! c'était à mes yeux quelque chose de moindre que de la boue, et je n'en faisais pas plus de cas que d'usage. Je me disais souvent à moi-même, que je donnerais volontiers une poignée de cet argent pour un nombre de pipes à fumer du tabac, ou pour un moulinet à moudre mon blé. Que dis-je, j'aurais donné le tout pour autant de semence de carottes qu'on en a pour six sous en Angleterre; et j'aurais cru faire une excellent marché, si j'avais pu changer ces espèces contre une poignée de pois et de fèves et une bouteille d'encre ; car dans la conjoncture où je me trouvais, il ne m'en revenait pas le moindre avantage ni la moindre douceur ; mais elle croupissaient dans un tiroir, où elles moisissaient à cause de l'humidité des saisons pluvieuses. Et même si le tiroir avait été tout plein de diamans, çaurait encore été le même cas, et ils auraient été de nulle valeur pour moi, ne me pouvant être d'aucun service.

---

(1) *Synonyme d'avare.*

FIN DU TOME PREMIER.

www.ingramcontent.com/pod-product-compliance
Ingram Content Group UK Ltd.
Pitfield, Milton Keynes, MK11 3LW, UK
UKHW021055270726
13967UKWH00012B/1569